L’AVENIR DU SÉNÉGAL, J’Y CROIS.

Philippe ALCANTARA

L'AVENIR DU SÉNÉGAL, J'Y CROIS.

Éditions XAMAL
Saint-Louis
1997

ISBN : 2-84402-001-1

DEWENETI SENEGAL

Il est 17h02 ce jeudi 24 janvier 2015 lorsque le Tupolev 442 de Sénégalair atterrit à l'aéroport international de Tambacounda. Tout en priant pour que mes bagages assurent bien la correspondance avec le vol pour Matam, je constate avec surprise que les travaux d'agrandissement sont bien avancés. Avec 20 vols par jour, l'aérogare construite en 2007 est déjà trop petite, et il faut souvent attendre les bagages 15 minutes. Malgré la musique et la climatisation solaire, cela devient insupportable. *Billaay Wallaay* !

Malin, ce Gérard Diop. Il avait été le premier à sentir le besoin des sénégalais de se rendre à Istambul, Hong Kong ou Singapour pour s'adonner au sport-roi: le commerce. Il s'était emparé de ces lignes délaissées par les « grandes » compagnies et depuis... il vole jusqu'en Australie, il dessert le Brésil, l'Inde, Dubaï, bref, là où il y a des affaires pour nous. Il faut dire qu'ils s'occupent bien des passagers sur Sénégalair. Dans tous les avions il y a un bar pour se dégourdir les jambes, ainsi qu'un espace de prière.

Le prochain vol étant à 18h30, je décide d'aller savourer une bière de mil bien fraîche à la terrasse extérieure. Je fais signe à un vendeur de journaux, et à un cireur de chaussures, puis je m'installe confortablement. Fini le temps où ces gosses harcelaient le visiteur. Aujourd'hui, ils sont formés et organisés en corporation. Il faut les appeler pour qu'ils approchent. Les tarifs sont un peu plus chers, mais bon, c'est le progrès !

Au même moment, Ousmane quittait la salle de sport. Sautant par dessus la portière de son cabriolet, il lança le moteur puissant, et prit la direction de la rocade-est. 7h ! Il avait rendez-vous à 7h demain matin ! Vraiment, ces sénégalais ont des horaires de travail bizarres. Depuis deux ans qu'il était là, il avait encore du mal à s'y habituer.

« Tu parles d'une journée continue ! Journée continue-prolongée, oui ! De 7h à 20h, c'était un rythme soutenu... jusqu'au jeudi soir il est vrai.

Bon, il s'agissait de ne pas rater l'avion. La circulation était fluide, à cette heure. Il sélectionna un air de Pink Lion sur son laser de poche, et se mit à rêver à Fanta Diallo. Cette fille était inépuisable. Jamais fatiguée, toujours en quête d'inventions...

C'est en 2001 que le ministre du *Ligeey* avait eu ce coup de génie, avec son slogan « **rentrez prier dans votre village le vendredi** ». Et effectivement, ce fut un boom économique sans précédent ! Dès le jeudi soir, des centaines de milliers de sénégalais se précipitaient pour rentrer dans leur village, ce qui fit exploser le marché des transports, et surtout, les transferts d'argent vers l'intérieur du pays. En 3 jours de fête au village, vous pensez si l'argent circule ! Et puis discutant avec les cousins du village, les citadins ont découvert des opportunités d'affaire, ils ont investi. Moi-même j'ai fais fortune, à cette occasion !

Songeur, j'observe les travaux de l'aéroport. Impressionnant. Ils ont prévu une mosquée, un cinéma, un centre d'affaires avec possibilité de louer un bureau pour quelques heures, une discothèque, et même un bar situé au milieu de la piste, sous une coupole de verre, pour pouvoir contempler le ballet des avions. Bref, encore mieux qu'à Dakar ou Kaolack.

Il faut dire qu'ils peuvent se le permettre, avec les royalties que leur versent toutes ces compagnies minières. C'est d'ailleurs la grande bataille politique du moment. Justement un article fait la une du *Tamba News*, le canard local.

Le gouvernement veut reprendre le contrôle et la région refuse. En 1998, le gouvernement avait cru bon de donner au Conseil Régional l'exclusivité des taxes sur les ressources minières (encore à l'état de projet), en leur disant : « débrouillez-vous avec ça, prenez-vous en charge, nous ne pouvons plus vous assister ».

Seulement voilà, ils ignoraient que les villageois de Goumbayel s'étaient cotisés pour payer les études de Modou Fall, et après un brillant cursus à Harvard, celui-ci était venu proposer ses services au président du conseil régional. En 2 ans, Modou avait intéressé des sud-africains, levé des capitaux au Japon... 5 ans plus tard, un chemin de fer était opérationnel, la première mine en exploitation, puis une autre, et encore une autre. Ah, qui aurait dit que l'expérience des sud-africains, alliée à la méthode japonaise et au courage des travailleurs de la région, ferait tant de merveilles !

Bien fait, ce *Tamba News* ! Une rubrique consacrée au point de vue des visiteurs, un article sur les mines de fer, une chronique des *ngenté* et mariages des villages voisins, plus fastueux les uns que les autres... Je m'arrête sur une interview de Karim Diop, ce prodige de l'informatique. Voilà 10 ans, il a inventé des ordinateurs simples, destinés aux petits commerçants; aujourd'hui, pas un bana-bana qui n'ait son **Adounax** de poche.

Il avait compris qu'il fallait de petits appareils simples, bon marché, capables de traiter les besoins d'un vendeur de Sandaga, d'un marchand de journaux, les cours d'un étudiant, etc... D'autres informaticiens s'étaient lancés dans la conception de logiciels en wolof, bambara, malinké, avec des dessins permettant de comprendre facilement l'utilisation. Et Gouloumbou, à 20 km de Tamba, au bord de la rivière Gambie, était devenu une cité internationale de l'informatique.

- « Alors Tonton, tu rêves encore ! » Surpris je me retourne : « Makharam ! Ça alors ! Que fais-tu là ? »

Un beau jeune homme se tient devant moi, tout sourire comme d'habitude. C'est mon neveu, accompagné d'une splendide thiofette...

- « Eh bien, nous revenons du Niokolo, nous avons pris une semaine de vacances ». Nous nous asseyons et il me présente Sherifa, une femme d'affaires éthiopienne.

- « Et Françoise ? elle va bien ? »

Hé hé, je sais qu'il a toujours eu un faible pour mon épouse, le gredin ! Nous sourions, complices. J'ai connu Françoise il y a 20 ans déjà. Elle est noire et française, et je suis blanc et sénégalais. Je l'ai épousée parce qu'elle me faisait rire. Nous sommes restés ensemble parce qu'après tout ce temps, nous sommes toujours aussi excités l'un par l'autre. Françoise est la reine des amoureuses; elle trouve toujours des trucs extraordinaires pour...

Ils me racontent leurs vacances. Les environs du Niokolo sont très fréquentés par les sénégalais en vacances, qui viennent y retrouver leurs racines. Là-bas, la Nature est restée préservée, sauvage et sauvagement préservée. Les hôtels sont situés dans des vrais villages, comme il y en avait avant. Certains sont confortables derrière l'apparence typique, mais dans d'autres, qui ont ma faveur, il est possible de se doucher à l'ancienne, dans un enclos de paille, avec une calebasse. Initiation à la nature, où l'on apprend à reconnaître les plantes, leur usage, stages d'artisanat, safari-photo en 4x4, font la joie des « villois ».

Makharam m'explique que depuis cette année il est même possible d'aller passer une journée aux champs.

Vraiment, ce Sénégal est devenu un véritable concours de paradis !

Matam est devenu un centre agricole très important, grâce aux travaux d'après-barrage. Sur les deux rives du fleuve poussent toutes sortes de légumes et de fruits, qui sont exportés dans toute l'Afrique. Grâce à de bonnes installations de conditionnement et de stockage, ainsi qu'à la création d'une Foire Internationale des Produits Tropicaux, à laquelle nous allons d'ailleurs assister, Matam est devenu le centre de regroupement de toute la zone. Le trafic sur le fleuve est intense, qui permet de ravitailler depuis Saint-Louis jusques Kayes. Un canal est prévu qui permettra de naviguer jusqu'en Gambie.

Saint-Louis est un centre universitaire et culturel très important. Ils se sont fait une spécialité des voyages à thème, autour de l'histoire du Cayor, de l'épopée coloniale, des signares... Entre la fête des fanals, le festival de Jazz, le Carnaval, les Régates Africaines, la région ne désemplit pas. La communauté métisse y est très importante et dynamique.

Il y a aussi l'université, où affluent les étudiants et chercheurs des pays voisins. L'Université Gaston Berger a fait le pari de l'ouverture : tout peut se dire, se publier, s'étudier librement à l'intérieur du campus. Les technologies et les cultures africaines surtout, font l'objet de recherches pointues ici, notamment les médecines traditionnelles, la danse, l'agriculture bio, la sociologie. Alors beaucoup d'Occidentaux et beaucoup de Japonais viennent étudier ici, aucune équivalence ne leur est demandée.

Touba est devenu un grand centre de l'Islam. L'université coranique de Ndindi Abdou forme des imams recherchés dans le monde entier. Les hôtels ont été répartis dans les villages voisins pour préserver l'intégrité de la Ville Sainte. La renommée de Touba s'est répandue partout grâce au déploiement international des Baol-baol, et les pélerins affluent de partout, en pélerinage, ou pour des séminaires de recueillement : des USA, du Pakistan, de toute l'Afrique et même de l'Arabie Saoudite. Un superbe aéroport a été conçu pour accueillir tout ce monde. Ça fait longtemps déjà ! En fait, depuis 1999, lorsque les communautés mourides de *Bittim Reew* firent le pari de poser chacune un avion/semaine avant le magal de l'an 2.000.

De Sangalkam, **la route des Niayes**, superbe, à 4 voies, monte jusqu'à Rao. Tout le long s'étendent à perte de vue des champs de fleurs et des cultures maraîchères.

Dakar a d'abord beaucoup perdu avec la décentralisation de l'administration. Aujourd'hui c'est un centre d'affaires et de congrès très important, la porte de l'Afrique. Africains, Européens, Américains du nord et du sud viennent ici se retrouver pour discuter de mille projets. Conférences internationales, séminaires, foires et expos se succèdent. De nombreuses sociétés africaines ont installé ici une « vitrine » pour attirer justement tous ces hommes d'affaires de passage. Du Zimbabwe à Tripoli, tous viennent ici se procurer tout ce qu'ils devaient aller chercher en Occident auparavant.

Kaolack est un carrefour commercial du Sénégal et des pays limitrophes. Ici, les paysans de Casamance rencontrent les éleveurs du Nord ; les financiers gambiens, des industriels de Rufisque ou d'ailleurs... Les dollars ramenés par les *Baol-baol* ont fait merveille et la ville est certainement une des plus belles du pays. Il n'y a pas de marché à Kaolack (Baol city) : toute la ville est un marché ! C'est aussi un noeud routier et ferroviaire stratégique.

Banjul est devenue une place financière très importante. La bourse de Serekunda fait et défait la fortune des entreprises camerounaises, sierra léonaises, voire guatémaltèques. Le dalasi est plus fort que le nouveau mark. A tous les coins de rue vous pouvez changer toutes les monnaies du monde, l'ouguiya, la lire, le rand, le dollar... Vous pouvez ouvrir un compte en banque, acheter des actions, transférer à Panama ou New-York, négocier un crédit, et cela 24H/24, 7 jours/7.

Le port s'est agrandi jusqu'à devenir le plus important de la sous-région, grâce à une politique audacieuse de zone franche ; d'ailleurs le port remonte jusqu'à Bintang. Un système de taxes simplifié à l'extrême, et léger, a rendu la fraude inutile et beaucoup plus onéreuse. Quand je pense aux temps anciens où il fallait acquitter toute une cascade d'impôts, un fleuve de taxes, c'était la préhistoire ! Les gambiens s'obstinant à refuser toute idée de pont, un tunnel a été construit par la Confédération. L'honneur est sauf ! Le Gambian River Authority s'est reconverti et des ferry-boats desservent aussi bien Ziguinchor que le Saloum, Bissau...

La Région de Casamance est devenue un immense jardin, le centre d'une puissante industrie agro-alimentaire : tout est produit par ici : concentré de tomates, riz prêt-à-cuire, jus de fruits, vin de palme ou bière de mil, plats cuisinés, conserves... Oui, vraiment, cette décentralisation a eu du bon ! Le sud de la région s'est spécialisé dans le tourisme, Kafountine est aussi célèbre que Paris ou Las Vegas. Surtout, les casaçais se sont spécialisés dans le transport. Leurs camions, leurs bus climatisés, descendent jusqu'à Kinshasa, remontent vers Alger ou Casablanca, jour et nuit. Il faut dire qu'avec eux, c'est rigueur et sourire sans discontinuer. Comme des chinois ! Une qualité de service irréprochable.

Ah oui ! Il a bien changé notre Sénégal, depuis ce jour de 1997 où... les lycées sont sponsorisés par les professionnels du tourisme : agences, hôtels... Pendant les vacances, les jeunes sont embauchés comme guides et se familiarisent ainsi avec les langues étrangères, se frottent aux autres peuples et cultures. Leurs troupes de théâtre ou de musique animent les soirées. Une partie du salaire revient au jeune directement, l'autre partie finance le lycée.

Les entreprises sont associées aux universités. Les étudiants sont entraînés à chercher un emploi dès la première année d'étude, sensibilisés aux besoins du marché par les conférences des industriels ou commerçants. Pendant leurs stages ils réalisent des études de marché, ou sont envoyés à l'étranger étudier les moeurs. les besoins des consommateurs.

En médecine, des progrès extraordinaires ont été accomplis, grâce au métissage des médecines traditionnelles avec la science moderne. Ah ! Le jour où le guérisseur de Fatick a révélé au congrès de New York qu'il savait guérir le sida ! Hey ! Cette nuit-là...

Mais la voix de l'hôtesse me tire de ces souvenirs: c'est l'heure d'embarquer. Je vous raconterai la suite quand l'avion aura décollé.

DONNEZ CONFIANCE À VOTRE PEUPLE

C'est possible, oui !

Vous pouvez aller chercher du poisson pour nourrir tout votre peuple, chaque matin. Ou bien, vous pouvez donner confiance à votre peuple : « Allez-y, j'ai confiance, chacun de vous va pêcher son poisson aujourd'hui ».

Dans le 1er cas, il vous faudra des gros bateaux, des coopérants, du gasoil qui pollue... Et vous n'arriverez pas à nourrir tout le monde, vous ferez des insatisfaits même.

Mais donnez confiance à votre peuple, et chacun ira chercher son *caas*, chacun ira pêcher à sa façon, chacun mangera à sa faim, et vous remerciera ! Donnez confiance à votre peuple, et vous n'aurez même pas à fournir le *caas* !

Vous aurez un peuple qui n'a plus faim.
C'est beaucoup vous savez un peuple qui n'a plus faim !
Mieux : un peuple qui n'a plus **peur** d'avoir faim.

La confiance en soi permet de trouver des solutions, d'inventer de nouvelles solutions. Les gens disent « manque de moyens », non ! Manque de confiance plutôt. Celui qui vous dit « ah si j'avais les moyens... », en vérité il sait où trouver ces moyens. Mais il n'a pas confiance en lui, confiance qu'il est capable lui, de réunir ces moyens là. En vérité il est plus que capable, il a cette capacité 100 fois mieux que vous. Mais voilà, il n'a pas confiance. Il attend que vous lui fassiez confiance.

Vous serez surpris, très surpris, de l'immense capacité des gens qui vous entourent..., quand ils ont confiance !

Alors nourrissez votre peuple de confiance,
donnez-lui chaque jour sa dose de confiance.

Nourrissez votre peuple de confiance. Prouvez-lui qu'il peut avoir confiance en lui. Oh ! Il doutera, mais écoutez son doute et répondez encore par la confiance : « j'ai confiance en toi ».

Si vous avez nourri un enfant de confiance, il apprend vite et bien. Si vous ne le nourrissez pas de confiance, alors à 30 ans il dort encore. Pourtant vous l'aurez nourri, envoyé étudier, payé ceci et cela... Oui mais voilà, vous avez oublié la confiance, le principal aliment d'éducation. Alors votre enfant est comme un très beau bateau qui reste à quai.

Un peuple n'est pas un enfant bien sûr, mais si depuis 30 ans, 300 ans, vous n'avez pas nourri votre peuple de confiance, alors vous avez un peuple de beaux bateaux... à quai.

Et je dis que j'ai confiance:
avant 2 ans, chaque sénégalais mangera à sa faim dans ce pays, et par lui-même.

C'est la confiance qui engendre des solutions. Dans la tempête, quand la pirogue va se retourner, quand on ne voit plus les étoiles pour se guider, c'est la confiance qui permet au capitaine de s'en sortir... ou de couler.

Quand vous demandez à un banquier de vous prêter, le premier critère c'est la confiance. Le banquier vous parlera de caution, bilan prévisionnel... Au fond c'est la confiance ! S'il sent la confiance en vous, il prête. Sinon, il demande des garanties, pleure, bref...

Ayez confiance,
vous êtes capable de porter votre peuple en avant.

Quand les premiers « sénégalais » sont arrivés en « Israël », ils ne connaissaient pas travail de désert, irrigation, culture de avocat ou pamplemousse... Mais ils avaient confiance, et <u>leurs dirigeants leur ont fait confiance surtout</u>, alors ils ont inventé des solutions, et voilà le résultat agricole aujourd'hui.

Quand le *Moodu-moodu* s'embarque pour *Tuugël* sans visa, sans soutien, il n'a aucune solution (connue, apprise) devant lui. Il n'y a pas de coopération pour l'aider, ni de projet de développement pour l'encadrer. Mais il a vu son chef spirituel qui lui a donné sa confiance et sa foi. Investi d'une telle confiance, le *Moodu-moodu* a la foi. Il réussit.

Mais enlevez la confiance ! Alors le capitaine abandonne le bateau, le banquier vous prête avec de lourdes garanties impossibles à tenir, Israël serait resté un désert, le *Moodu-moodu* s'effondre et se fait expulser.

Dîtes à un banquier : « le Sénégal est riche, investissez avec nous » ou bien dîtes au même banquier : « le Sénégal est pauvre, prêtez-nous... aidez-nous » Comme on dit : *du ben* ! La différence c'est la confiance.

Le rôle du dirigeant n'est pas de trouver des solutions, ni même d'apprendre aux gens à... Le rôle des dirigeants est de nourrir leur peuple de confiance. Alors le peuple sent cet amour, prend confiance, déploie ses ailes de créativité, sort ses griffes de courage, le peuple rugit sa capacité et bondit sa solution... et mange à sa faim.

Alors votre peuple prendra confiance

Mais depuis 30 ans, 365 jours x 30 ans, nous produisons des messages de non-confiance : « le Sénégal est un pays pauvre... La crise est mondiale... Heureusement que les autres sont là pour nous aider... Notre jeunesse est malsaine... Le riz chinois est supérieur au mil sénégalais... Les sénégalais ne savent pas gérer... ». Inversez la vapeur, émettons des messages de confiance : « Nous sommes capables, nous avons des solutions en nous, dans nos valeurs ».

C'est ce qui s'est passé en Gambie, au Burkina, peuples dont les gens se moquaient haut ! Et puis des dirigeants sont arrivés et ils ont dit : « J'ai confiance dans mon peuple, j'ai confiance dans les jeunes de mon pays, dans ma culture, nous avons des solutions, il y a de l'argent dans ce pays, nous sommes capables de nous organiser, j'ai confiance, j'ai confiance ». Alors le peuple a pris confiance, et alors le peuple a redressé la tête ! Logique !

Prenons le cas concret de la nourriture, de l'alimentation de votre peuple. Actuellement vous dîtes : « Les chinois vont nous aider à cultiver notre riz (parce que nous sénégalais ne savons pas cultiver suffisamment de riz) ». Pourtant si vous prenez le 1/4 de l'argent chinois seulement, et vous le donnez aux *Joola*, pour qu'ils enseignent aux autres sénégalais comment cultiver le riz, alors je vous garantis que le résultat sera bien meilleur qu'avec tous les experts chinois. Et vous serez plus que surpris du résultat : la confiance inventera des solutions !

Vous pouvez dire aussi : «J'ai confiance que les Leebu et les Ñominka peuvent fournir un poisson par jour à chaque sénégalais, j'ai confiance ».

Vous pouvez dire, vous devez dire : «J'ai confiance que les commerçants de Sandaga sont capables d'alimenter tous les marchés de chaque village du pays, à des prix et qualités uniques au monde ». Ils vont le faire.

C'est l'histoire du *Ndigël* . Supposez que le Grand Marabout dise : **« J'ai confiance qu'avant l'hivernage, l'eau s'écoulera du fleuve jusqu'à Touba.** J'ai confiance qu'à la prochaine crue d'hivernage, un canal Ourossogui-Touba sera prêt, et je pourrai aller en pirogue depuis ma maison jusqu'à mes champs de *Xelkom* ».

Alors avant la crue, vous constaterez qu'un canal sera prêt. Un très bon canal même ! Sans FMI. Sans Projet ni PDG. Sans « étude financée par ... » ni « peuple frère de... ». Sénégalaisement. *Gas rek* ! Et il n'y a pas que les *gasmen* qui vont accourir, il y aura des camionneurs, il y aura des ingénieurs hydrauliciens, des financiers, des hommes d'affaires, des architectes, tous sénégalais ! Des femmes pour préparer les repas de tous ces « homme-confiance ». Des musiciens pour les chanter, les encourager.

Et tous ces gens vont se coordonner, s'organiser. Ils vont inventer des solutions là où vous n'en voyez aucune, là où les grands experts du rationnel vous diraient : « Impossible, il faut des financements extérieurs, des études de grands maîtres, 10 ou 15 ans... »

Le marabout lui, ne se posera même pas la question « Comment vous allez faire pour... » Il dira : « J'ai confiance. Faîtes ».
Et le peuple inventera des solutions, et remerciera celui qui par la confiance, lui permet de se dépasser.

Quand l'eau coulera, c'est 1 million de sénégalais qui cultiveront et qui pêcheront chaque jour. C'est 8 millions qui mangeront chaque jour poisson, viande, légumes, mil, à gogo. Simplement avec l'outil confiance.

Montrez à votre peuple que vous avez confiance en lui. Parce que un peuple qui a confiance en lui, c'est 8 millions de miracles chaque jour. Notre pays est le jardin de Dieu. Dieu nous a donné la confiance pour le cultiver.

Donnez confiance à votre peuple.
Il vous rendra mille fois cette confiance.

Parce qu'en effet, la confiance doit fonctionner dans les deux sens : vous devez faire confiance à votre peuple, et votre peuple doit vous faire confiance. Sinon, il y a disharmonie, il y a manque de confiance, il y a rupture entre le peuple et son chemin. Et rien ne peut se faire.

A la limite je pose la question : Est-ce que la crise mondiale, et en tous cas la crise sénégalaise, n'est pas due à un manque de confiance entre le peuple et ceux qui nous montrent le chemin ? Dans les deux sens d'ailleurs : pouvez-vous conduire votre peuple, si vous n'avez pas confiance qu'il vous suivra ? Faîtes confiance à votre peuple, et votre peuple vous rendra cette confiance. Que peut un capitaine qui ne sent pas la confiance de son équipage !

Que peut une communauté qui ne sent pas la confiance de son chef ! Eh bien ça donne un peuple en crise, en Europe ou en Amérique ou parmi nous. Ça donne un peuple « sous-développé ». « Tu crois que je suis sous-développé, alors je vais jouer au sous-développé pour te faire plaisir... pour mériter ta confiance, ...et ton soutien ! »

<u>Explication</u>
Un peuple, une personne, un groupe, a besoin d'un chef . C'est la nature humaine. Nous avons (encore) <u>besoin de croire en un chef</u>.

Regardez sur le plan politique. La question n'est pas « Quel programme d'action » mais à 80% : « Quel chef choisir ? ».

Tous nous avons des solutions formidables en nous, mais nous avons (encore) besoin de la confiance d'un Chef pour les exprimer. C'est ainsi. C'est pourquoi je vous invite à donner confiance à votre peuple. Mais aussi à vos chefs de service, à vos employés, aux communautés d'ici et d'ailleurs.

Un de mes maîtres à penser dit : « **Et si l'autre ne s'aime pas lui-même, et que tu lui ressembles, alors pourquoi veux-tu qu'il t'aime si tu lui ressembles ?** »

Des milliers de jeunes, de tous les milieux, sont prêts à s'engager dès qu'un chef leur fera confiance, leur donnera confiance en **eux.** Des milliers de groupements féminins, attendent au fond que leur chef leur dise : « J'ai confiance en vous, j'ai besoin de vous ».

Des milliers de *Moodu-moodu* n'attendent qu'un message de confiance pour aller, encore plus, vendre au monde entier : nos *jembé*, notre artisanat, notre poisson, notre industrie même, nos valeurs culturelles, notre sagesse...

C'est comme ça que la France, l'Angleterre sont devenues des puissances : avec un peuple de commerçants-aventuriers, à qui le Roi faisait confiance.

Le Roi lui-même louait un bateau, un charter, et disait à ses *moodu-moodu* : « Allez-y avec ce bateau, vous êtes mes envoyés, le peuple entier a confiance en vous ». Alors les *moodu-moodu* anglais, les *moodu-moodu* portugais, ont eu confiance, ils ont inventé des solutions, ils ont sillonné le monde, ils ont fait des découvertes, ils ont ramené des marchandises nouvelles, ils ont répandu leur culture, ils ont conquis le monde.

Le Roi n'avait pas besoin de partir en voyage officiel. Il envoyait ses *moodu-moodu* ! Il leur donnait confiance. Mieux, le Roi envoyait ses soldats, pour protéger ses *moodu-moodu*. Le Roi envoyait son représentant auprès des chefs de tribus explorées, pour négocier des avantages en faveur de ses *moodu-moodu*.

Le Chef religieux allait plus loin encore, en investissant ses *moodu-moodu* d'une mission divine. Alors les *moodu-moodu* européens ont eu la confiance et la force pour surpasser mille et une difficultés, jusqu'à échafauder la puissance de l'Occident d'aujourd'hui .

Mais si le Roi avait envoyé une mission dans les ports, pour dire à tous ces aventuriers : « Restez au village, n'allez pas embêter les chinois ou les paisibles africains », si le Roi n'avait pas insufflé sa confiance...

Alors vous aussi,
vous êtes chef de service, chef d'entreprise, chef de projet,
insufflez la confiance à votre équipage.
C'est votre rôle, c'est presque votre unique rôle : leur donner confiance.
Alors ils vont trouver les solutions.

Le Canal du Cayor

Comment inventer un modèle de société dans lequel le casamançais, le Bassari, l'intello, le badolo, le cap-verdien trouvent chacun leur compte et leur place. Il faut inventer, il faut réfléchir à ce modèle là.

Il faut un grand projet et je dis : le canal du Cayor.

C'est tout de suite, c'est aujourd'hui que le chef s'il est chef doit aller sortir la première terre, au pied du lac de Guiers. Et qu'il appelle avec lui les plus grands griots, les meilleurs *gewël*. Et que tous les villageois, surtout du village le plus proche, aillent s'y coller, pour creuser un bout de terre qui amène l'eau jusqu'à leur village, directement à leur village.

Parce qu'ils seront les premiers concernés si l'eau coule jour et nuit devant leur village, devant leurs champs. C'est eux les premiers gagnants. En tous cas. C'est eux qui pourront dans 2 mois cultiver, c'est leurs femmes qui ne feront plus la queue au puits, ce n'est pas moi. Oui dans 2 mois je ne rêve pas !

Parce que pour creuser un bout de terre sur 5 kilomètres, si le village s'y met, ça ne demande pas une saison. C'est simple à calculer : un mètre sur un mètre de terre légère ou de latérite, et plus tard, on pourra l'agrandir à 2 m x 2 mètres, afin qu'une pirogue puisse passer, puis..

Et que tous ceux qui n'ont pas de travail à Dakar aillent s'y coller aussi, parce que dans 4 mois au maximum, il sera possible de cultiver des nouvelles terres, grâce à l'eau du Canal, et alors viendra le temps de la récolte, et alors vous aurez votre part, c'est évident.

Ainsi ce ne sont pas seulement les villageois qui auront du travail et gagneront leur vie, ce sont tous ceux du voisinage, ceux qui leur auront donné un coup de main pour amener le canal, qui auront leur part à leur tour, leur place au village et leur lopin.

Ensuite quand viendra la récolte (les récoltes), il faudra des chauffeurs pour la transporter, et des commerçants pour la vendre aux marchés, et d'autres commerçants encore pour vendre au village enrichi des biens de consommation.

Les voilà les « je ne sais combien » d'emplois ! Ce n'est pas 20.000 emplois le but, c'est : « un emploi pour qui veut travailler ». Chaque Sénégalais qui veut travailler doit avoir sa place, doit pouvoir gagner sa vie. Un être humain n'est pas un idiot ni une machine : s'il travaille il enrichit forcément la communauté. Et il y a 5 millions de Sénégalais qui veulent travailler plus, qui veulent travailler mieux, qui veulent s'enrichir.

Et quand le canal arrivera au premier village. Et quand le canal, aussi petit, aussi fragile soit-il, arrivera au premier village, alors que les gens du deuxième village le plus proche se mettent à creuser eux-aussi, s'ils veulent que l'eau passe chez eux, s'ils veulent gagner du travail et des champs bien verts dans quelques mois. Et le canal aura gagné quelques kilomètres. Mieux vaut un canal qui dessert 5 villages réellement, qu'un canal prévu pour 100 villages qui dort en attendant les projets, les études, les financements, le FMI, les *xawma lan ak lan*...

Vous me direz c'est utopique. Non !

D'abord ça a été fait. Il y a quelques années déjà, l'armée et la CSS (oui la fameuse CSS) ont réalisé en deux temps, trois mouvements un ouvrage fantastique sur le fleuve Sénégal, avec les populations du coin. Et rapidement je vous le dis, et bien fait ! D'ailleurs j'ouvre une parenthèse : je vous invite à aller du côté de Richard-Toll, voir ce que les travailleurs de là-bas ont réalisé. Il faut voir ces canaux d'irrigation, sur des kilomètres et des kilomètres; il faut voir ce canal de la Taouey.

Il faut rouler à l'aise sur ces pistes excellentes et super-larges, entretenues tous les 15 jours. «Un coup de bull», comme ils disent ! Vraiment, les travailleurs de Richard-Toll : Bravo ! Je vous respecte !

Mais revenons à notre exemple. Un chef, un véritable chef, a ses griots au Sénégal, n'est-ce-pas ? S'il appelle ses griots et dit qu'il va sortir la première terre, et s'il la sort vraiment : combien de fidèles le suivent dans ce pays ? Combien de membres de sa famille, de sa communauté l'accompagnent, et lui font honneur à leur tour, en s'y mettant ? C'est du concret très concret.

Pour amener un filet d'eau sur 5 kilomètres, une tranchée d'un mètre sur deux suffit. Une simple tranchée de terre et d'argile, pour commencer. D'autant que chaque avancée de tranchée fait avancer l'eau d'autant. Et si la terre est mouillée, elle est plus facile à travailler. Et s'il faut un outil mécanique, un simple bulldozer, il y a 50 bulldozers dans ce pays qui dorment dans les garages, que ce soit de l'administration ou du secteur privé.

Les privés diront qu'un bulldozer doit s'amortir, qu'il coûte cher à la location, mais vu qu'ils n'ont pas de clients, à quoi leur sert, combien leur rapporte un engin qui rouille dans un garage ? Mieux vaut l'espoir de se rattraper avec l'argent des prochaines récoltes, parce qu'alors les villageois auront les moyens de louer un bulldozer.
Et s'il faut payer l'essence et les frais du chauffeur, je ne crois pas qu'un marabout refusera à ses talibés de tel village l'avance des frais qui leur permettront de cultiver mieux !
Or nos marabouts ont cette puissance divine qui leur permet de trouver l'argent quand Dieu le réclame. Y-a-t-il aujourd'hui une cause plus noble que de rendre ce pays tout entier verdoyant et riche, que de permettre à des millions de villageois de gagner leur vie, y-a-t-il un don plus noble que de permettre à l'eau sacrée de circuler ?

1001 maîtrisards ingénieurs

Après les choses s'enclenchent. Après les ingénieurs peuvent venir et conseiller les travailleurs : passez plutôt ici, creusez comme ça, renforcez avec tel matériau. Les écologistes peuvent venir et améliorer au fur et à mesure.

D'ailleurs il est beaucoup plus facile et logique d'améliorer la « façon de canal » au fur et à mesure, confronté au terrain, plutôt que d'épiloguer des modèles imaginaires, puis d'attendre que tout le canal soit fini pour venir dire « ah ça, ça ne va pas, telle conséquence nous ne l'avions pas prévu, etc ».

Vous me direz: nous aurons un canal en zigzag, tantôt étroit, tantôt profond, parfois bouché, parfois bien entretenu selon les villages, parfois d'un matériau, parfois d'un autre, etc... bref un canal très illogique.

Mais mieux vaut un canal illogique et fonctionnant un jour sur deux au départ... que pas de canal du tout.

Investir à l'intérieur du pays. Je crois qu'il faut être cohérent : si on veut que ce pays avance, il faut investir à l'intérieur du pays. Personne ne le fera à notre place.

C'est la conquête de l'Ouest qui a permis l'enrichissement de l'Amérique.

Imaginez que les colons se soient arrêtés à New York ou Chicago... Imaginez qu'ils aient eu peur d'avancer vers la vallée promise du Grand Ouest, d'affronter les rigueurs du climat, les incertitudes du destin, la sueur de creuser des terres arides...

Imaginez que les commerçants se soient dit « bon, je préfère rester à New-York, parce qu'à l'Ouest il n'y a rien que des pauvres indiens » Imaginez qu'ils aient refusé de s'installer là où il n'y avait personne, là où l'eau courante n'existe pas encore, ni l'électricité...

Imaginez qu'ils aient attendu que le « gouvernement construise » avant de s'installer.

Est-ce que nous sommes plus faibles que des américains ? *Mba dañu tooy?* Notre avenir est à l'Est, définitivement.

Il existe des milliards de mètre cube d'eau inutilisée aux portes du Fleuve. Il existe des centaines de cours d'eau endormis, et nous sommes des millions de jeunes sans espoir et pourtant plein d'espoir.

Allez !

Un formidable exemple de solidarité.

Ensuite, ce sera comme une immense chaîne de solidarité, du nord au centre du pays, une épreuve d'initiation. Pour que le Sénégal avance, il faut que nous soyions solidaires, tout le monde en est convaincu. Alors si nous ne sommes pas capables de nous entendre pour faire circuler l'eau... *noppi naa* !

Chaque village, chaque sénégalais sera responsable car s'il n'entretient pas son bout de canal, ce sont tous les autres qui en souffrent. Les autres n'étant pas une vague abstraction, par exemple « *wa Dakar* », les autres étant : ceux du village d'à côté, ma belle-soeur....

Du ciment ou de l'argile naturelle

Aux villageois de gérer leur portion de canal. Maintenant s'ils préfèrent le construire en ciment, ou en marbre d'Ibel, ou en banco, ou en terre brute, c'est à eux de voir. Avec le temps. S'ils préfèrent construire en terre et l'entretenir régulièrement chaque mois, c'est leur affaire. Sococim aussi peut dormir dans son usine en attendant que les gens achètent cash le ciment, ou mettre en place un système qui contente tout le monde. La chose s'est bien faîte à l'époque entre commerçants de brousse et cultivateurs.

D'ailleurs, est-il prouvé que les matières inertes et fixes sont meilleures que les matériaux vivants pour un édifice de ce genre ?

L'utilisation de matériaux traditionnels améliorés a beaucoup progressé, reste à commercialiser, vulgariser... voilà l'occasion.

De même pour les questions de pompage : est-il prouvé qu'une seule station est plus rentable à gérer que 20 petites stations ?

A l'usage... à l'entretien... au financement... Est-ce qu'il n'est pas plus facile pour les techniciens locaux d'installer, voire de concevoir une motopompe même rudimentaire, plutôt que d'importer une grande station complexe, technique, chère, etc...

Avançons de village en village. Et au pire, si le canal doit être profond de 100 mètres arrivé à Dakar, eh bien il fera 100 mètres, et alors ! On trouvera une solution. Actuellement on va bien chercher l'eau à 300 mètres parfois. Je vois au moins 10 entreprises ou industries locales qui peuvent rapidement fournir des pompes simples, si la demande du marché les appelle. Et je connais personnellement 5 jeunes sénégalais qui ont inventé un système rudimentaire de pompes : à vent, à gasoil, à ce que vous voulez, mais ça fonctionne... au moins pour un petit besoin. Et vous, vous en connaissez combien ?

D'autant que ce ne sont pas seulement 1.000 villages sénégalais qui sont demandeurs d'une pompe simple, ce sont 10.000 villages de Guinée, du Mali, de Mauritanie, de Côte d'Ivoire...

De même, un commerçant aisé, qui a du stock, peut aller trouver un village et négocier : « Je vous fournis de quoi vivre pendant que vous creusez le canal. Mais ensuite vous allez cultiver, et vous devrez me vendre en priorité et à telle condition ». Un transporteur peut s'intéresser à l'affaire : « Je mets un camion à votre disposition pour les travaux, occupez-vous du chauffeur. Mais demain, chaque marchandise qui quitte ce village, c'est moi qui le transporte ».

Et chacun y trouve son compte. Même les ingénieurs trouveront leur compte. Des gens viendront du monde entier voir comment nous faisons. Et ils payeront pour avoir accès à notre savoir-faire.

C'est l'eau qui ramènera les jeunes au village.
Il faut que l'eau tourne, que l'eau circule.
L'eau du Fleuve, et l'eau qui passait et qui passera dans ces centaines de petits cours d'eau que vous voyez sur la carte,

depuis Dakar jusqu'à Bembou, jusqu'à Payoungou, jusqu'à Loumbi,
et l'eau des forages, des puissants forages du Ferlo justement,
et l'eau de la Gambie avec les cours d'eau du Saloum,
et l'eau des milliers de puits, c'est la même eau qui circule et qui vit.

L'eau du fleuve attend, chaque année, que l'on puise en son sein.

La jeunesse c'est l'eau qui coule, c'est la vie qui s'avance.
Des villages de jeunes se créeront au bord de l'eau,
l'an 2000 c'est déjà bientôt !

Et le Chef entrera en pirogue dans Louga.

Qui va s'opposer à ceux de Louga s'ils construisent eux-même le canal qui circulera devant chaque maison de chaque quartier.

Et ils sont puissants les fils de Louga. Et vous savez, de l'eau du lac jusqu'à Louga : il y a 40 petits kilomètres, 40 ou 46 selon les villages qui voudront participer.

Et je suis sûr que les entrepreneurs de la place ne refuseront pas de prêter leurs bulldozers et leurs camions pour aider les habitants de Louga à accueillir l'eau du Fleuve.

Avec les ingénieurs, les engins de terrassement, et les investisseurs-amis de Louga, il ne faudra pas un an avant que le Chef entre en Pirogue dans Louga.

Notre canal de Kayor existera.

Bismilaay.

YOUSSOU NDOUR

J'aime la nuit, quand la voix de Youssou Ndour s'élève et me parle.
Mes doigts giclent sur le clavier, éclaboussent les touches,
et dansent au rythme du saxo, de la basse, d'une percussion.

C'est un chant, une pulsion qui toujours répète
qu'il est bon d'aimer la vie,
qu'il existe un chemin de danser cette vie :
aduna amna yoon.
« Quelques pièges à éviter, quelques rebords escarpés,
et le reste félicité. »
Tel semble le message de Doux Youssou .

Avec Youssou, la nuit n'est plus l'au-delà ;
L'au-delà devient danse, plaisir délicat,
c'est bon, c'est si bon, et encore bon.
Version nègre du plaisir.
A ceux qui vous demandent, mesdames, le plaisir d'aimer un homme noir,
vous leur répondrez : *« Ecoute !, Écoute Youssou Ndour ! ».*

La vie de Youssou Ndour, c'est le ventre qui part en avant,
le coup de reins qui te fait sauter plus loin.

<u>Paris la nuit</u>

YOUSSOU NDEEY JI FREY

Je trouve que Youssou Ndour est un phénomène très intéressant,
en tant que forgeron de notre éducation nationale.

Ses chansons sont pour moi une forme de prière,
un message d'éducation populaire,
une invitation à méditer, tout en dansant, donc en **vivant** cette méditation.

Alors, la danse aidant, la chanson aidant, aux 5 coins du pays,
l'incantation devient leçon, elle entre dans mon corps, elle fortifie la nation, elle nous porte en avant.

A force de hocher la tête en chantant «sol-sol-solidarité...»
le message de solidarité séduit mon esprit,
la guitare de Habib fait fondre mon coeur,
le *sabar* donne la force au message,
et parfois, lorsqu'un *ndigël* est nécessaire,
Mbaye Dièye Faye s'en charge et sa parole est comprise.

Alors parlant d'avenir,
je voudrais remercier Youssou Ndour.
Tu es le premier qui m'a donné confiance dans mon avenir-Sénégal.
Moi et des millions de jeunes, tu nous as porté l'espoir au coeur, tu nous a bercé, tu nous as fait rêver.
Je me souviens quand Honda t'a offert une voiture... climatisée !
A l'époque !

Oui c'est à partir de toi que toute une génération a commencé à y croire,
qu'un jeune valable, capable, peut y arriver dans ce pays,
sans compromission, sans corruption, sans voler ni tricher,
juste à force de travail, de modestie et de confiance dans l'avenir.

Oui je le dis franchement :
tu es le premier héros de notre génération.
Un peuple a besoin de héros !

Les femmes de KUNUN

Serait le premier village Lébou installé dans la presqu'île. Ont conservé, et cultivent, des valeurs très particulières : accueil, partage, respect des autres et de soi-même surtout. Respect des règles de vie en communauté.

Nous y accédons par une petite bretelle de la Route des Niayes, à 6 km de Rufisque. La route s'achève sur une place de village à somptueuse mosquée. Route construite en 1958, peu fréquentée, et encore en bon état. Ah *tubab*, tu as des qualités quand-même !

Les enfants jettent un oeil mais ne s'approchent pas. Il faut que j'en appelle un pour qu'il vienne répondre à ma question :
Fi fan laa ? Kunun *Dëk laan? Dëk leebu*

Et Gakou entre dans l'histoire.
Je sors acheter des oeufs, et un homme m'aborde à la boutique. Il engage la conversation, tient à parler français, me met à l'aise, et je lui explique notre désir un peu fou d'une omelette. « Pas di problème me dit-il, allons à la maison. Non tu n'a pas besoin d'acheter de l'huile, ma femme a tout ce qu'il faut ».

Je pense qu'il n'y a pas de hasard. Le peu que j'ai compris de mon initiation lébou : il était du rôle d'un adulte du village d'établir contact avec les visiteurs (nous), pour sonder leur besoin, s'assurer de leurs intentions pacifiques, bref une forme de sécurité. Et je trouve cette règle normale, digne d'être retenue et insérée dans notre société.

Et nous prenons le chemin de *Kër* Gakou. Typiques villages lebou avec le dédale de ruelles sablonneuses, les gosses que l'on croise, et ce sentiment d'être accepté, de ne pas susciter une grande curiosité ni un étonnement. Et Gakou nous présente Rokhaya sa belle épouse, la pièce au charme sans égal, le rituel de l'album photos...
Et l'omelette, elle était bonne, dis !

Le récit de Rokhaya

Mais j'ai surtout été passionné par le récit de Rokhaya, qui nous a parlé de son Groupement de Femmes du village. Ecoutez, ô loups conjoncturés, écoutez !

Son groupement compte 60 femmes. Elles ont commencé à cotiser 2.500 chacune, et se retrouvent maintenant avec une forte somme en caisse. Aujourd'hui, la caisse prête chaque mois 40.000 cfa à chacune des femmes, pour qu'elle fasse son (libre) commerce. Rokhaya a choisi d'acheter à des pasteurs peuhl du *diiw ñor* et du *diiw tir*, qu'elle revend au village. A la fin du mois, les 60 femmes se réunissent et chacune raconte et surtout rembourse ses 40.000 cfa. Elle verse en plus un intérêt de 2.500 cfa.

6,25% d'intérêt ... par mois ! A faire rêver Wall Street !

2.500 x 60 = 150.000 cfa de plus dans la caisse du groupement. En une année, 1.800.000 de plus à disposition. D'ici l'hiver, par exemple, la caisse pourra prêter 50.000 par mois à chaque femme, puis 60.000, et ainsi de suite...

Ro est la secrétaire du groupement. Elle a poussé ses études plus loin que le CM2, mais a dû s'arrêter pour aider sa famille, et puis le Bon Dieu lui a présenté le beau Gakou, qui du coup a choisi de ranger ses pantalons pattes d'éléph'...

Quel bénéfice !

Non, pas question qu'une femme ne rembourse pas. D'abord ce n'est pas le style de la maison, et puis toute sa famille se porte solidaire lorsqu'elle s'inscrit au groupement. A elle de se débrouiller avec mari, oncle, soeurs si d'aventure le pot à lait se renverse. Ca arrive. Elle se refera le mois prochain. Le moindre jour de retard est sanctionné par 500 cfa d'amende.

Le bénéfice net de l'opération, selon Ro la belle, varie entre 15 et 30.000 cfa/mois. Ce qui fait un minimum de 30% de marge nette ! Avouez que c'est pas mal !

Combien de femmes d'affaires parmi nous en font autant !
L'Afrique n'est pas rentable, qu'ils disaient !

Les femmes de Kunun à la banque

Les femmes de Kunun sont aussi allées voir un banquier. Chaque 6 mois, la banque prête une somme de 500.000 cfa au groupement. Ces 500.000 sont partagés entre 10 femmes (et la prochaine fois, 10 autres femmes...). Chacune de ces 10 élues aura 6 mois pour tirer profit de ses 50.000 (en plus des 40.000 mensuels, c'est autre chose). Au bout des 6 mois, chacune devra rembourser, tenez-vous bien, 60.000 cfa. Donc elles remboursent solidairement 600.000 cfa à la banque. Et la banque leur re-prête 500.000 cfa, etc...

En langage bancaire, il s'agit d'un crédit revolving à 40% l'an. C'est un taux doublement excessif, vu la qualité de la garantie solidaire. Pourtant ce n'est pas le taux usurier qui gêne ces femmes, c'est la limite à 500.000 cfa.

Les hommes du village leur ont accordé 2 ha de bonne terre. Pour démarrer un projet maraîcher, elles auraient besoin d'environ 2 millions (pompe, outillage, etc.) remboursables en un an.

Question :
Combien de personnes dans ce pays sont prêtes à se substituer aux banques, pour prêter aux femmes de Kunun 50.000 qui feront 60.000 six mois après ? Avec la garantie solidaire de 60 familles.

Investissez dans les groupements féminins

Vous conservez votre argent à la banque ? En un an vos 50.000 vous rapporteront au grand maximum 3.500 cfa. 8% l'an. Supposons que vous êtes hyper-doué pour la bourse, vous aurez au maximum : allez ! 7.000 cfa au bout d'un an.

En investissant dans un groupement comme celui de Kunun, vous aurez : + 20.000 cfa au bout d'un an ! **+ 40% d'intérêt !**

Confions l'affaire à des femmes, mettons une publicité à la radio, et nous levons des centaines de millions cfa !

Disons qu'il nous faudrait 1 mois pour installer le système. Recruter des informaticiens pour gérer le flux, des comptables pour compter, des trésoriers pour contrôler, des publicitaires pour publiciter... des femmes pour garantir le paiement !

Et je vous parie qu'avec une publicité dans le journal *Elle*, ou dans *La Libre Belgique*, des milliers de femmes de là-bas voudront qu'on les accepte dans le jeu. Il ne s'agira plus de millions cfa, mais de millions d'écus !

Enfin, le fait de participer à une épargne aussi amusante, c'est un puissant stimulant, qui vous donne confiance en l'avenir.

On essaye, les filles !

Vous êtes intéressée par l'activité des femmes de Kunun.
Vous avez des idées... Contactez Rokhaya Daour, Village de Kunun.

FLASH CULTURE

Le Cinéma africain... et la vidéo africaine. Toutes ces séries, ces comiques, ces pièces de théâtre, très amusants.

Imaginez que un an, une seule année, 50% des programmes dans les TV américaines soient composés de films africains.

Juste un an, et juste 50 %.

Et au bout d'un an, imaginez le choc culturel sur les 300 millions d'américains : 50% des images leur montrent des gens habillés différemment ; pas de sirènes de police, mais plutôt la scène du bon commissaire de chez nous dans son bureau ; pas de guerre, ni d'armes à feu, pas de meurtre, mais des bagarres à l'africaine, avec de grands gestes et 100 personnes autour.

Pas de sexe, mais des regards qui se croisent, et des scénettes « bien de chez nous », genre les 6 femmes de Demi-Dieu, ou les 5 marabouts.

Un rythme beaucoup plus lent dans les images, les prises de vue, dans la lenteur des gestes...

Imaginez ce formidable choc culturel !

...Combien leur vie changera...

Eh bien dîtes-vous que depuis 16 ans qu'il y a la TV ici, 70% des images que nous regardons **« pour nous divertir »** sont d'un autre univers que le nôtre. C'est au final une colonisation beaucoup plus violente et bombardante.

Eh bien, ce que je vous propose, c'est d'abord d'inverser cette vapeur pour avoir au moins 51% d'images à nous, pour nous. Même si ces images sont des regards sur le monde extérieur, par exemple l'envoi de reporters pour interviewer Le Pen, ou faire le point sur l'immigration.

Par exemple la présentation d'un pays du monde, chaque semaine, par nos reporters à nous, en partenariat avec les télévisions des pays visités.

Objectif 20%, notre exception culturelle

Et ensuite, je vous propose d'introduire au moins 20% d'images à nous dans la TV mondiale : européens, américains, asiatiques, russes, donnons-nous l'objectif de fournir 20% de leurs images, d'ici 10 ans. C'est possible. Bon, quand je dis nous, ce n'est pas seulement nous sénégalais bien sûr, il faut partager avec nos frères africains !

Il ne s'agit pas de coloniser à notre tour avec un taux extrême, mais 20% d'images du monde noir, me semble une part normale au sein de la culture mondiale. Pourquoi un peuple aurait 20% d'images de guerre et de séries policières, et ce même peuple n'aurait pas 20% d'images du monde noir !

Sur le plan économique l'intérêt est évident ; sur le plan social aussi, il nous permettra de justifier nos positions, en suscitant l'adhésion des autres à notre culture. La France s'est imposée par sa culture, l'Amérique s'est imposée par Hollywood.

Cela participe de la plus-value d'ailleurs, afin que nos produits soient mieux valorisés.)

Cette plus-value est une solution pour conserver notre rythme de travail tout en gagnant plus et mieux.

C'est aussi de la défense légitime. C'est ainsi que se construit une nation, une culture, une foi.

AVIS

À TOUS LES MÉCANICIENS, GARAGISTES ET INGÉNIEURS DU SÉNÉGAL

Il est lancé un concours pour la mise au point d'une voiture sénégalaise. Premier prix : 10 millions cfa. Deuxième prix : un mois de stage chez un constructeur japonais. Ce concours est ouvert à tous les habitants du pays, de Gambie, et des pays limitrophes.

Le concours aura lieu en hivernage prochain, début septembre 98. Les concurrents devront faire le tour du Sénégal, par les routes et les pistes, avec une charge de 700 kilos, sans tomber en panne plus d'une fois. A chaque ville d'étape, les populations seront invitées à voter le véhicule le plus beau, et l'équipage le plus sympathique.

Les mécanos et garagistes sont invités à travailler en équipe. Chaque collectivité est invitée à présenter au moins un véhicule. Chaque entreprise du secteur auto est invitée à sponsoriser au moins un équipage.

Les prototypes seront fabriqués à partir de pièces de récupération, mais les solutions techniques originales seront récompensées.

Pour participer au concours, chaque voiture devra :
- être très jolie et plaire aux femmes du pays
- transporter 6 personnes <u>ou bien</u> 1 tonne de marchandise, avec banquette démontable.
- tenir un confortable 100 à l'heure,
- être réparable facilement par les mécaniciens des 4 coins du pays
- « aimer le sable », les 20 cm qui tapissent la plupart de nos villes
- passer facilement dans la plupart des flaques d'eau d'hivernage
- être équipée d'un très bon poste Radio K7
- supporter deux tonneaux sans une égratignure pour les passagers

Les deux voitures finalistes devront :
- être fabricable en 1.000 exemplaires, à partir de pièces de récupération
- être vendues à un prix maximum de 1,8 million cfa, à crédit
- présenter un mode d'emploi en vidéo, au choix en wolof, diola, serer...

Un prix spécial récompensera les inventions originales concernant une partie du véhicule : freins, suspensions, dessin de la carrosserie...

La presse locale sera chargée de rendre compte de l'évolution des travaux, les recherches et les secrets des meilleurs mécaniciens du pays. Chaque semaine, une émission de TV ira surprendre un garagiste.

AVIS AUX GARAGISTES ET CONCESSIONNAIRES AUTO DU SENEGAL

Il est créé une société anonyme, à vocation de construire et commercialiser en Afrique de l'Ouest, un véhicule sénégalais, à un prix de vente inférieur à 2 millions cfa, neuf.

Bref, il s'agit pour les principaux concessionnaires et garagistes, de travailler ensemble, pour mettre au point un véhicule simple, adapté aux besoins de milliers de consommateurs sahéliens.

L'investissement de départ est minime :
- un hangar spacieux, deux mécaniciens par concessionnaire, un lot de véhicules à la casse et de pièces détachées.

Nous travaillerons avec les gagnants du concours, bien sûr !

AVIS AU PUBLIC

Vous êtes invité à prendre des parts dans la société *AUTO BU BAAX*. Le capital de 5 milliards de francs sera divisé en parts de 30.000 cfa. Les dirigeants s'engagent à vous verser d'ici 3 ans, un bénéfice de 12% l'an.

Une moitié des actions sera distribuée sur la place publique, par le biais des garagistes et boutiques de pièces auto à travers le pays.

Deux modèles de base seront retenus :

- un véhicule « tous chemins », celui du concours.
- un camion 4x4 de type Gaïndécapable de travailler aussi bien sur les dunes que dans le Niokolo en hivernage.

Il ne s'agit pas de concurrencer les véhicules européens ou japonais. Celui qui peut s'offrir un 4x4 à 30 millions n'achètera pas notre véhicule. Mais pour le prix d'un, il peut avoir 6 « *Super Suuf* », moins confortables, mais efficaces.

En quelque sorte, il s'agit d'importer des pièces d'occasion, au lieu d'importer des véhicules d'occasion, et maintenant, les concessionnaires et garagistes assemblés vont reconstruire avec ces pièces détachées, une voiture qui sera sous garantie, et adaptée au terrain. Les artisans du pays ont montré leur génie en matière de bricolage. Alors avec un encadrement et une formation, ils feront des merveilles !

Faisons-leur confiance !

Vous me direz : quel intérêt de produire un véhicule local ?

Premier intérêt :

Décupler la circulation des personnes et des marchandises, donc de la richesse. Les véhicules sur le marché sont inaccessibles à 80% de la population... qui y a droit, pourtant. A nous de concevoir un autre véhicule, abordable pour la majorité.

Nous ne visons pas la clientèle de luxe mais plutôt celle qui a besoin d'un véhicule bon marché pour travailler. Nous visons la masse de travailleurs, qui pourront promener la famille avec un crédit de 50.000 cfa/mois sur 4 ans.

Nous visons les milliers de commerçants, de mareyeurs, de GIE, qui pourront se lancer dans le transport avec un crédit de 100.000 cfa/mois. Bien sûr il ne faut pas rêver, nous n'allons pas inventer une voiture entièrement.

Deuxième intérêt :

Celui de lancer un peuple dans le rêve et les grands projets. C'est Le principal avantage. Ce qui nous freine aujourd'hui c'est le manque de confiance dans notre avenir. Or qu'il s'agisse de construire des canaux, ou de construire un véhicule, voilà de quoi faire rêver utile des milliers d'intellectuels, voilà un projet de société intéressant, motivant, à proposer.

Avec le concours, il y a des milliers de garagistes, de mécanos, qui vont « carburer » et se stimuler grâce à ce concours : mettre au point son véhicule, un rêve à sa portée !

Au bout du compte, c'est le niveau général des mécanos qui va être relevé, donc l'état mécanique général des *otos* en circulation.

Avec le concours, avec la fameuse société,
ce sont des millions d'hommes qui vont rêver bagnole, qui vont lever les yeux.

Vous savez, l'homme et la bagnole, c'est une longue histoire ! Et un million d'hommes qui recommencent à y croire, dans ce pays, c'est beaucoup !

Fondamentalement, chacun de nous sait : il y a des sénégalais très ingénieux, capables de mettre au point :

un véhicule simple, adapté à nos conditions- et - à notre Plaisir.

Regardez nos mécanos faire des merveilles avec une misère d'outillage, avec une formation technique quasi-inexistante. Alors imaginez ! Ce qu'ils produiront avec un minimum d'encadrement.

Voilà l'intérêt de lancer le concours « ***Oto-oto-Sénégal*** »
au prochain hivernage 98.

Les concurrents ou sponsors intéressés sont priés de s'inscrire à l'Automobile Club de Gorée.

L'AVENIR DU SÉNÉGAL, J'Y CROIS. POURQUOI J'Y CROIS ?

A contre-courant des idées communes, je trouve que notre pays avance bien, et même très bien. Par-delà le quotidien, je constate que nous Sénégalais, nous avançons de mieux en mieux, et même très fort. A notre rythme. C'est pourquoi j'y crois. C'est pourquoi je dis à tous les pessimistes : le Sénégal va bien, merci. Oyé !

PIROGUES BLEUES ET PIROGUES VERTES

Je vous raconte l'histoire, parce qu'elle me paraît symbolique de cet élan positif qui frémit dans tout le pays.

En face du village de Ngor, repose une petite île sympathique, où se précipitent les Dakarois le week-end et les vacances. L'île de Ngor est reliée au village par un service de pirogues. Depuis des années les pirogues bleues et les pirogues vertes, vous vous en souvenez, étaient engagées dans une compétition-complication ubuesque que tout le monde critiquait... et que tout le monde alimentait. Les amis des bleus, les amis des verts. Vous étiez sans cesse harcelé, tiraillé d'un coté ou de l'autre. Au fait, bleu et vert, ça évoque quoi pour vous, dans le genre ?

Arrive la décentralisation, (novembre 96) et le nouveau maire de Ngor réunit les 2 familles. A croire qu'en fait, elles n'attendaient que l'intervention d'un conciliateur ! Avril 97, mois sacré, les verts et les bleus font cause commune, et ça marche très bien ! Très très très bien ! Ils ont mis en commun les hommes, les pirogues, les moteurs, la clientèle. Le prix a augmenté à 500 cfa, et les clients sont contents de payer.

(Août 97) L'organisation est stupéfiante. Il y a deux fois plus de monde que l'an dernier, et pourtant l'accès aux pirogues est plus rapide, plus facile. La queue est bien organisée, on vous remet un gilet de sauvetage en embarquant, les pirogues sont propres et bien peintes, le moteur est neuf et carbure. L'île et le continent sont reliés par talkie-walkie, bref...

Je rencontre mon père lébou, ex-chef d'une des factions, et il me raconte : « Ah oui vraiment, je suis content, Philippe. Jamais nous n'avons gagné autant d'argent que cette saison. Nous avons acheté 4 moteurs neufs, et nous faisons travailler 36 gosses. Et puis surtout, Philippe, mais je dors bien, mon cher, tu vois. Tu as remarqué, hein, ce climat de paix, regarde dans toute l'île ». *Billay*, nous avions la larme à l'oeil !

Alors c'est un exemple concret qui me donne super-confiance en l'avenir du Sénégal. La symbolique de l'histoire, vous la saisissez comme moi. L'incroyable, vous le percevez comme Père Samba et moi. Et des exemples positifs comme ça, j'en rencontre 2, 3 chaque semaine. Oui, au Sénégal, 1997.

Au niveau mondial aussi, la situation progresse. Par-delà les faits du quotidien. Et là aussi j'irai à contre-courant des pessimistes.

Aujourd'hui deux pays ne peuvent plus se battre (tranquillement) sans que la communauté internationale n'intervienne, pour calmer le jeu. Regardez Israël et la Palestine, bien sûr qu'il y a des problèmes, mais il y a quelques années à peine, c'était la guerre, des centaines de morts, des enfants qui jetaient des pierres, et surtout le goût d'impossible. 2 montagnes ne se rapprochent pas sans friction. L'essentiel est qu'elles se rapprochent.

Regardez l'Afrique du Sud. Mandela Président. De Klerk prend une retraite paisible. Qui voyait même une solution il y a 10 ans.

Regardez les famines, regardez la santé, regardez la solidarité. C'est un progrès formidable, et il ne se fait pas tout seul, c'est nous qui le construisons chaque jour, c'est notre impôt et notre sang qui envoie nos casques bleus au Congo, au Liban, en Serbie. Un volcan ne s'éteint pas d'un coup !

Au niveau du Sénégal c'est pareil. Nous sommes courageux. 3 millions d'adultes se lèvent chaque matin, et chacun fait de son mieux, vous y compris, et c'est dur, vous le savez, eh bien nous avançons, peu à peu mais vite. Et je le prouve.

D'une certaine façon, ce que nous avons fait en 40 ans, c'est acquérir notre indépendance, notre maturité. Et ce n'est pas facile l'indépendance. C'est dur, même. Il n'y a plus Papa DiGôl ou Senghor, sur qui rouspéter, pour tout organiser et tout financer.

C'est la première fois que nous sommes indépendants. Avant et jusqu'où vous remonterez, il n'y avait pas d'avenir surtout, pas d'espoir, pour 80% de la population. 80% !

C'est la première fois qu'autant de communautés cohabitent, jusqu'à se reconnaître, peu à peu, comme une seule et même communauté. Les *Joola*, les *Jolof*, les Français, les *Bédik*, les Libanais, les Sérères, les Cap-verdiens, les *Bittim reew*, des Belges et des Américains qui arrivent... Les ex-indigènes et les ex-citoyens des 4 communes et les ex-français... Et toute cette communauté d'horizons, de statuts, de cultures différentes, a appris et apprend à vivre ensemble, au même rythme. En 37 ans finalement, si on a réussi à construire ça, Bravo !

Il y a des problèmes bien sûr ! Ce n'est pas facile ! Tout n'est pas rose... en Afrique noire. Mais quoi, le monde ne se fait pas en un jour, et s'il est bon de ne pas être sur-optimiste ou idéaliste, il ne faut pas non plus être négatif à l'extrême, ne voir que le noir.

Il faut se dire la vérité : il y a des choses qui avancent dans ce pays, il y a du bien. Nous avons progressé.

Il y a 10 ans, 1987, une large assemblée ne voulait pas entendre parler de *sopi*, c'était même un mot tabou à ne pas prononcer en public, souvenez-vous. *Tey, ñëp sopi.*

Il y a 10 ans, qui croyait à un changement possible ! Sans passer par une solution radicale... que nous ne voulions pas. Aujourd'hui nous nous acheminons vers des élections un peu mieux contrôlées, peu à peu, à notre façon, perfectible certainement. En attendant c'est un signe : je vois de plus en plus de jeunes, qui vont chercher leur carte d'électeur, qui se décident, comme moi.

37 ans, jamais voté, je n'y croyais pas, aujourd'hui j'y crois.

Alors ça nous a pris 10 ans, mais nous avons réussi, nous tous, à trouver un chemin sans employer la solution radicale. Il a fallu faire des sacrifices pour ça. Je ne vois pas que ça a été inutile.

Bien sûr je suis découragé 10 fois par jour, comme vous, et alors ! Je me reprends, et je vois l'ensemble, le chemin parcouru, l'avenir qui devient quotidien.

Il y a 10 ans, on se demandait si un deuxième quotidien pourrait avoir sa place au Sénégal. Très sérieusement on se posait la question. 1997 : 4 quotidiens, 20 hebdos et mensuels, 5 radios privées, et nous captons 10 chaînes de TV.

Avez-vous suivi depuis 6 mois, le nombre de solutions inventées par des maires et leurs équipes, aux 36 coins du pays ? Pour des gens qui se disaient sans moyen, c'est extraordinaire ! L'indépendance des mairies n'a même pas un an.

On critique notre éducation nationale. Mais en 37 ans, combien de milliers de jeunes ont été éduqués. C'est une victoire. Et il faut voir dans quelles conditions ils ont étudié. Bravo les étudiants ! Bravo les maîtres quand on sait les moyens dont vous avez disposé. Quelle classe, quelle noblesse ! Bien sûr il pourrait y en avoir plus, mais en attendant...

Regardez la masse de projets de développement que vous avez vu défiler à la T.V. et dans le Soleil, imaginez ces milliers d'arbres reboisés, un par un, sous le soleil, essayez de calculer les milliers de femmes et de paysans qui ont été alphabétisés, formés à l'hygiène, formés à produire...

...Et voilà que démarre un programme pour former nos femmes à gérer et commercialiser. Avec des cours de compta et des cours de marketing ! Aux paysans, à nos femmes du village. Sénégal 1997.

C'est formidable quand vous y pensez. De quoi puiser confiance, en l'**avenir**, le nôtre, et celui **de nos enfants**.

Depuis un an, à peu prés, nous avons dépassé, l'avez-vous remarqué, l'image de *Goorgoorlu* . Il est parti tout doucement, après s'être mis au travail. C'est plus qu'une symbolique, merci T Fons. Des gens qui dorment toute la journée je n'en vois plus beaucoup. Par contre, je croise de plus en plus des sénégalais, de toutes nationalités, qui s'en sortent de mieux en mieux, et qui bossent, qui évoluent.

Waw, mangi dem Hong-Kong. L'autre jour encore, une amie, 30 ans, me dit très simplement qu'elle revient de Hong-Kong où elle a négocié ferme avec le grossiste chinois, chacun ne parlant anglais qu'à moitié. Hong-Kong, vous imaginez !. Mieux, elle ajoute « Non, bien vrai que mon mari est directeur de cabinet de X, mais c'est son domaine à lui, moi je fais mes affaires toute seule » Bravo !

Saly 3ème ville du Sénégal. A Saly Portudal, il y a des antiquaires et des filles que j'entends critiquer, mais ce sont des jeunes qui payent leur loyer, qui payent leur bouffe, qui payent leurs loisirs. Et qui apprennent, patiemment. Évidemment leur démarche est souvent maladroite, mais en attendant, ils ne restent pas à la maison à attendre la DQ ou le tonton. Et je peux vous dire que 50% des touristes qui reviennent, c'est grâce aux jeunes de Saly. Le saviez-vous !

Une jeune fille de 20 ans l'autre jour, qui me dit : « J'ai déjà acheté tout le matériel pour ouvrir mon salon de coiffure, à Foundiougne. Il me reste juste à payer la construction, et je m'installe ». 20 ans. Bravo ! *Ku nek ak sa wërsëk* !

Oui, j'ai confiance dans l'avenir parce que aans ce Sénégal d'aujourd'hui, je rencontre surtout des gens qui **inventent des solutions.**

Et ce que je voudrais vous dire : **il y a des solutions concrètes à l'avenir radieux du Sénégal.** Ces solutions ne se trouvent pas chez les occidentaux ou chez les asiatiques, elles se trouvent chez nous, bien de chez nous. C'est à nous de puiser dans la tradition, c'est à nous de puiser dans la culture les uns des autres. Ces solutions ne demandent pas des milliards, mais il va falloir s'investir un minimum.

Voilà les milliards. D'ailleurs les milliards ce n'est pas ça qui manque au Sénégal, vous le savez bien. A Bakel ou à Semmé, c'est 100 millions cfa qui arrivent chaque mois. Et ce n'est qu'un début, car depuis cette année, 1997, un mouvement s'organise pour inciter nos *Bittim reew* à investir. Et chaque *Bittim reew* peut investir 100.000 cfa par mois, calculez ! D'ici l'an 2000 ! Multiplié par le nombre de *Bittim reew.* Et je ne vous parle pas des Sadiya ou des Ibrahima Bâ (footballeur au Milan Ac).

Prenez le football, tenez ! On dit que notre foot n'avance pas, mais avez-vous calculé le nombre de joueurs sénégalais qui évoluent dans de très bonnes équipes à travers le monde entier ? Et on dit que notre formation n'est pas valable ! Avez-vous calculé la masse monétaire que sont en train de drainer vers nous tous ces sportifs de haut-niveau, toutes catégories de sportifs confondues. Alors si notre football a obtenu ce résultat en 37 ans, eh bien, bravo ! Bravo les footballeurs, bravo les dirigeants, bravo surtout les formateurs anonymes.

Souvenez-vous de Sandaga en 1970. Aujourd'hui le patron du patronat tisse une alliance avec les patrons de l'informel. C'est formidable, personne ne l'aurait dit il y a 5 ans à peine.

Aujourd'hui, notre communauté est en train de tisser **un réseau qui couvre le monde entier. C'est ce que les européens ont fait à une autre époque.**

Quelle que soit la langue, quel que soit le pays, quel que soit le secteur d'activité, vous trouvez un des nôtres qui connaît, et qui a des amis dans la place, un *terru* pour vous *terral*. En 37 ans disdonc, si c'est ça le sous-développement, j'en veux 2 cuillères chaque matin dans mes corn-flakes... au mil !

Vient le jour où l'apprenti devient maître. C'est pourquoi j'ai confiance en l'avenir. Parce que si nous avons réussi jusque là sans confiance, sans vision claire de l'avenir, maintenant comment formidable ça va être, quand nous allons prendre confiance en nous, quand nous allons visualiser notre avenir.

Il y a un stade où l'apprenti commence à maîtriser son art, il n'est pas encore maître mais il a atteint le niveau de devenir maître, alors il prend son outil en main et il le forge, alors il prend son chemin et commence à déployer sa puissance. Nous sommes arrivés à ce stade.

C'est pourquoi j'y crois fort. **Et c'est vous tous qui me donnez confiance,** vous que je croise, vous que j'observe. Est-ce que vous le savez, même, combien vous êtes beaux et forts!

Eh bien, regardez derrière vous, le chemin parcouru, les milliers de frères et de soeurs et d'anonymes aidés, les milliers de soirs de désespoir suivis de soleils au coeur rempli. Regardez un peu derrière vous, les peurs les terreurs, les risques d'explosion, les ventres serrés...

La paix préservée. Vous voyez maintenant le chemin que nous avons parcouru !

Alors on pourrait se donner la main, nous tous, former une immense liane traversant tout le pays, et alors on se dirait : « merci les soeurs, merci les frères, on y arrive hein, l'air de rien ! »

Au Sénégal nous avons préservé la paix, et l'équilibre entre tradition et modernité; nous avons préservé l'équilibre entre communautés, l'équilibre entre générations. Et non sans prospérité.

La paix, c'est l'essentiel.

C'est notre fondation, notre sacrifice commun. J'y crois.

C'est un choix que nous avons choisi.

Et je vais vous dire, vous le timide : vous y croyez, vous aussi, avouez !

BUL FAALÉ

Septembre 97, entrée de l'autoroute à Dakar, feu rouge. Un jeune s'approche et propose de laver mon pare-brise. Énervé, stressé, je refuse. Arrive un autre laveur qui lui, commence directement du côté droit ; j'ai beau lui faire signe, il continue son travail, imperturbable... Ah bon, me dis-je, attends, tu vas voir, tu n'auras rien, hé hé !

Quand il a fini, il me regarde et... me fait un signe de la main : « prochaine fois ! » Et déjà il s'éloigne, sûr de lui, un grand rire coquin dans les yeux ! Bravo le jeune ! Si je vous raconte cette anecdote, c'est parce que **j'y crois dans cette nouvelle génération des 15-25 ans.** Ils sont forts, ils réfléchissent concret, ils avancent. *Bul Faalé, Oyé* !

J'y devine une autre mentalité, positive, décomplexée, bosseuse. Ils ont démystifié ces notions de « pays pauvre » et autres « manque de moyens » qui ont obstrué notre génération Indépendance.

J'y crois parce que cette génération représente 60% de notre population (enfin, avec leurs petits frères !) Alors s'il a fallu 37 ans de sacrifices, pour éduquer, nourrir, soigner, former cette jeunesse là, alors nous n'avons pas perdu notre temps ! Bravo les parents des enfants. Bravo les éducateurs anonymes de tous ces enfants. Bravo les grand-frères, les grandes soeurs, il fallait le faire ce sacrifice.

Nous avons besoin de héros Et cette génération Bul Faalé a des héros. Une jeunesse a besoin de héros positifs en qui puiser l'exemple. Un peuple a besoin de héros, en qui croire, et qui ouvrent des chemins. Nos héros à nous étaient inaccessibles, intouchables, invulnérables : Michaël Jackson, James Brown, Madonna, Onassis, Pelé...

Les héros d'aujourd'hui sont accessibles, simples, ils parlent un langage clair et honnête, ils parlent d'équipe solidaire. C'est Bill Gates, c'est Tyson (le nôtre), c'est nos Lions du Basket, c'est les Positive Black Soul *(du dëgë, du yone et à 25 ans j'ai ma maison et ma BMW, faîtes comme moi !*), c'est Miss Kolda, c'est toute la flambée de médailles d'or qui sont tombées en cet hivernage porte-bonheur. Et ce n'est qu'un début. Voilà pourquoi je crois en l'avenir de ce pays.

P.S. : Je prendrais bien des cours du soir de *Bul Faalé* !

Fin 96, souvenez-vous. Pour la première fois la délégation sénégalaise quitte la table des négociations avec la CEE, pour la pêche. Et au bout du compte, les européens sont obligés d'augmenter leur offre. Du jamais vu dans l'histoire de notre coopération. C'est une grande étape qui a été franchie, l'air de rien.

Et puis nos pêcheurs insatisfaits prennent l'avion directement, et débarquent au siège de la toute puissante CEE. Vous vous imaginez, vous, l'intello, le cadre, le chef d'entreprise, débarquer comme ça au parlement européen, votre dossier sous le bras !

Eh bien ils sont reçus nos pêcheurs, très bien reçus même. Ils sont écoutés, attentivement. Et les parlementaires leur donnent raison... sur une partie (quand même !) C'est une victoire extraordinaire, une étape de notre développement, et c'est pourquoi j'y crois, à notre avenir.

C'est une grande aventure et un grand succès. Avez-vous calculé l'impact, dans nos esprits souvent découragés, mais aussi l'impact au sein des parlementaires et décideurs européens, et encore l'impact au sein du gouvernement.

Comment passer de Navetane à Première Division

Alors bien sûr, vous me direz : « Les européens ont quand-même obtenu une très bonne part du gâteau ».

Mais c'est une première, une étape franchie et sur laquelle on ne reviendra jamais en arrière, et c'est ça qui est fondamental. C'est normal que les européens négocient mieux que nous, pensez s'ils ont l'entraînement, avec les négociations du Gatt, avec les américains, les japonais, sans oublier leur politique agricole commune.

Mais nous avons essayé, et nous avons marqué des points, nous avons vu comment aller plus loin, la prochaine fois. Rendez-vous au prochain round de négociation, dans 2 ans. *Bul Faalé* ! On enverra Tyson, Mbaye Dièye Faye et Miss Kolda soutenir notre délégation. *Bilaye, caaxaanuma !*

Les bailleurs de fond ont confiance eux aussi. Une autre raison qui me donne confiance en l'avenir, c'est que nos partenaires étrangers ont remarqué eux aussi que les choses ont changé.

Et vous serez surpris : eh bien, ils apprécient justement cette évolution positive.

C'est LA grande évolution dans l'esprit des bailleurs depuis quelques années : dépasser la coopération, passer au partenariat.

Imaginez : vous donnez la charité, vous « aidez » un jeune du quartier à se nourrir et à payer ses livres d'étude. Vous lui donnez le billet pour le cinéma. Et puis un jour vous l'appelez : « Eh grand je ne vais plus t'aider, je veux travailler avec toi. Je ne dis pas non : travailler d'égal à égal avec toi, en partenariat ». Si vous agissez ainsi, c'est que vous avez remarqué les qualités et les potentialités de ce jeune.

Août 1997 : lors d'un séminaire à Saly, un grand bailleur de fond américain annonce : en 2002 nous cesserons tout programme d'aide au Sénégal. Bravo ! Ca veut dire : à partir de 2002 le Sénégal aura atteint un stade tel que la coopération sera une béquille inutile. Et si un bailleur de fond propose cette date-butoir, et il ne le fait pas au hasard, gageons que les autres et tous nos partenaires vont s'harmoniser : Plus un seul programme d'aide en 2002 !

Est-ce que vous imaginez, vous, un Sénégal prospère, autonome, sans aucun programme d'aide ni de coopération. Uniquement des relations de partenariat bien conçues d'accord parties, d'égal à égal. Eh bien voilà, c'est une réalité : 2002 c'est dans 4 ans. Vous êtes prêt j'espère !

LA FIN DE LA MENDICITÉ

C'est un autre signe très positif que je relève : nous avons entamé un processus pour enrayer la mendicité, ce qui veut dire que d'ici 5 ans, ou même en 2002, plus personne n'aura besoin de mendier pour vivre, dans ce pays. Or un peuple qui entretient sa mendicité n'a pas sa dignité. Dans 5 ans c'est fini, et c'est pourquoi j'ai confiance, oui !

Il y a une semaine, je lisais qu'une sénégalaise a organisé un mouvement bénévole qui accueille les « enfants de la rue » et elle les nourrit, 2 repas par jour, elle les habille, et surtout, elle leur parle, elle les éduque, elle les forme à des « petits métiers »... en attendant mieux. Et ce n'est pas une ONG *tubab*, elle n'est ni expatriée, ni millionnaire. Uniquement avec des bénévoles, une véritable chaîne se met en place pour installer des centres de ce genre dans chaque quartier, dans tout le pays.

Je vous parle du Sénégal, Afrique, et pas en 2015 !

Alors je devine que 10 mouvements de ce genre vont créer une nouvelle dynamique, dans les deux ans à venir, à Saint-Louis, à Tamba, à Ziguinchor, à Thiaroye, au Plateau, à Goudiry...

Vous souhaitez participer aux côtés de cette dame, fournir un don, proposer vos services, votre temps, un local, un *tangal*, adressez une carte postale ou un fax, indiquant juste votre nom, adresse, tel, à l'adresse suivante : « Les enfants de la Rue », c/o Xamal, BP 380 Saint-Louis, fax 961 51 19, qui transmettra.

Fermez les yeux (sauf si vous êtes au volant). Visualisez le ciel, levez vos yeux fermés vers le ciel, visualisez bien le ciel, bleu, les nuages, blanc, et respirez, inspirez tout en fixant votre attention sur cette image: le ciel, les nuages, imaginez la forme d'un nuage, le ciel encore. Inspirez, vous décollez, vous grimpez vite, vous traversez la couche de nuages. Ouvrez les yeux :

C'est le début d'une ère de prospérité sans précédent dans notre Histoire. Et ça ne fait que commencer !

Le Sénégal gagne la Coupe du Monde de Football

Et je serais même précis: il la gagnera en 2010 ! Preuve à l'appui.

Bien sûr ce ne sera pas facile et il est bon que nous soyons tombés bien bas, et il faudra encore que nous tombions 2 ans, avant la leçon d'humilité. Alors commencera la remontée...

D'abord, toujours le Foot de France, bon Dieu ! Donnez-nous donc des matches à Lagos, envoyez vos reporters espionner les tactiques des Bafana, regarder le jeu de jambes des brésiliens, superviser l'entraînement de nos sénéf'.

C'est la Coupe du Monde qui est en jeu, pas la Coupe d'Afrique.

On ne gagne pas cette coupe du Monde par hasard. Même les moyens ne sont qu'un prétexte : quand on est prêt, on se donne les moyens, on trouve ces moyens. Le fond du problème, ce qui porte une nation à gagner, c'est : est-ce que nous avons un style ou quelque chose de nouveau à apporter dans le football mondial.

Actuellement les Bafana d'Afrique du Sud sont bien partis pour aller en finale, parce qu'ils apportent vraiment un style original, une autre façon de faire tourner la balle. Et tout le football mondial va s'inspirer du « nouveau » football sud-africain. Ces gars-là, permettez la parenthèse, ils ont la puissance, la présence physique des boers, des durs trekkers, ils ont l'endurance et la résistance de ceux qui se sont battus pour en arriver là, ils ont la danse des brésiliens, et en plus, le rythme de la musique africaine. Regardez-les : ils dansent... mais ils ne perdent pas le temps, ni le nord !

Et puis ils ont une botte secrète, et celle-là ils sont les seuls à l'avoir. C'est une scène qui me revient : la finale d'un championnat du monde de rugby, ou quelque chose comme ça ; à l'improviste le président Mandela surgit dans les vestiaires, avant le match, il a porté le maillot de son équipe, sans protocole, carrément, et il vient leur dire « je suis avec vous sur le terrain, les gars » ! Avec un chef comme ça, vous allez au bout du monde !

Alors nous, avant d'entamer notre marche vers la Coupe du Monde, nous devons nous poser cette question : qu'est-ce que notre façon de jouer apporte en plus, dans le football mondial. Quelle est notre originalité, notre force, notre style supérieur .

Et puis il y a une autre clé pour gagner une Coupe du Monde : c'est d'y croire. Des allemands en finale ne sont pas du tout impressionnés, ni des argentins. Pour eux, il est normal d'être à ce niveau.

Mais nous, nous arrivons à la Coupe d'Afrique tout étonné déjà d'être là. Comme si c'était extraordinaire, comme si nous avions eu une chance incroyable. Alors en Coupe du Monde vous pensez. Quel que soit le résultat, nous sommes déjà contents. Là est la différence. On va en Coupe du Monde pour gagner la Coupe, pas pour figurer ni pour récolter des primes de match. Et on y va quand on est prêt. Pas avant.

Concrètement quelle stratégie pour arriver en Coupe du Monde

D'abord arrangeons-nous pour que chaque membre de l'équipe nationale soit embauché dans un club étranger de seconde division (le calendrier est moins chargé).

Et aux quatre coins (sic) du foot ball mondial, qu'il y aît un sénégalais en train de s'entraîner, d'étudier... et de présenter à nos jeunes comment se joue le football de telle équipe.

Nous avons suffisamment de jeunes très doués, pour en placer un comme étudiant-joueur dans chaque grand club du monde.

D'ici 2.002, aucun autre but à part : nous préparer. Bocandé n'a pas été en Coupe du Monde mais il peut préparer les jeunes, préparer la relève.

A partir de 2002, donc d'ici 4 ans, nous devons être prêt pour démystifier une bonne fois la Coupe d'Afrique. Pas avant, ce serait de l'énergie gaspillée. C'est une longue lente patiente montée en puissance.

En 2006 nous pointons en Coupe du Monde. Pas pour gagner, ni pour le *taasu* ou les primes, juste pour observer, repérer les lieux, l'ambiance, les conditions, la pression. Tant qu'à faire, nous allons pousser jusqu'en 1/8 ou 1/4, histoire de prolonger l'étude. C'est tout. Retour à la maison. 4 ans de préparation. Arrive 2010. *Bul Faalé* !

Oui le Sénégal au World Cup, j'y crois !
Je le verrai. Inch Allah.

Ah bon, vous riez, vous doutez :
c'est justement le but de ma démonstration :
ce manque de confiance, c'est ça seulement qui nous freine.

TERANGA 2004

Nous sommes en 2004. Les choses ont bien changé depuis le premier concours national de *Teranga*, en 1998. Pour la première fois, chaque habitant a pu donner son avis et présenter « sa » façon de *Teranga*. Nous avons vu à la Télévision se déployer les charmes les plus irrésistibles pour ouvrir le coeur du visiteur. De magnifiques « combats de *Teranga* » ont affronté les équipes de Saint-Louis et de Medina Gounass.

D'ailleurs on ne parle plus au Sénégal de « touriste », on dit « visiteur ». « Tourisme » aussi a disparu de nos dictionnaires et *Teranga* est entré à l'Académie française et au Royal English Academy. Oui ! Ne prononcez surtout pas ces mots au Sénégal hein ! Tou...ste ? Ou bien tou...sme ? *Eye* si vous les dîtes aussitôt 200 yeux vous fusillent. Non, au Sénégal d'aujourd'hui, on accueille des *visiteurs* et on fait le métier de *Teranga*.

D'ailleurs notre ministre porte officiellement le titre de Ministre de La *Teranga*. Ses fonctions ont pris une importance considérable. Le ministre de *Teranga* veille à l'hospitalité de nos visiteurs, venus des 5 cercles d'Afrique, d'Arabie, d'Europe, d'Asie et d'Amérique. Il travaille en étroite collaboration avec le ministre du *Bittim Reew* qui lui, est chargé du bon accueil des Sénégalais à l'étranger. Chaque région bien sûr s'est développée différemment, comme nous allons le constater. Venez, montez dans mon hélicoptère, je vous emmène faire un tour !

Saint Louis. Toute l'île a été restaurée grâce à la Fondation Signare Anna, qui regroupe les plus nobles familles saint-louisiennes, les anciennes maisons de commerce, la Fondation Bolloré ainsi que le très sélect « Club des Saint-Louisiens ». Difficile d'entrer dans ce Club très fermé... chuuuttt... Un compromis a été trouvé entre les familles métisses et les habitants pour les maisons qui tombaient en ruine : les Grandes Familles ont financé la restauration des maisons et en échange, elles disposent à vie de 3 pièces au sein de la maison restaurée. Alors les Saint-Louisiens reviennent, retrouvent leurs racines, et investissent.

L'aéroport René Bancal est très actif : 2 vols de 150 places relient chaque jour Saint-Louis à l'Europe. En plus, Saint-Louis est relié chaque matin à Ziguinchor, Saly, Tamba, Nouakchott, et Dakar. Vous trouvez que ça fait beaucoup mais non !

Il y a en plus tous les visiteurs qui arrivent par la route, depuis qu'un malin a eu l'idée de lancer le « Bruxelles / Saint-Louis », sorte d'anti-Paris / Dakar. C'est-à- dire que tous ceux qui portent un autocollant « Bruxelles-Saint -Louis » sont assurés de trouver un bon accueil partout sur la route, grâce à des relais homologués.

C'est une vraie autoroute Plein Sud maintenant ! Avec la mode des Pajero confortables et des monospaces Renault , les Belges, les Sénéf, mais aussi les Espagnols, mettent les enfants dans la voiture et zou ! Par le désert et la plage, tranquille jusqu'à Saint-Louis en une semaine de découverte. De plus en plus de Sénégalais remontent la piste en sens inverse pour leurs vacances. Pour un père de famille vous pensez ! C'est plus intéressant que d'offrir le billet d'avion à 4 enfants !

La fête des Fanals avec logement chez l'habitant est aujourd'hui une tradition très courue. Chaque quartier ou équipe est parrainé par un Tour Opérateur. Récemment l'équipe Sor-Club Med. a même présenté un fanal en forme d'Airbus, qui flottait en l'air tout seul.

Quant à Saint-Louis Jazz, il dure maintenant 10 jours, à cheval sur 2 semaines. Le festival a connu une grande envolée en 1999 lorsqu'une maligne eut l'idée de proposer aux musiciens de jazz du monde entier : **accueil gratuit chez l'habitant et en échange vous jouez chaque jour une heure, sur une place publique de Saint-Louis.** Aussitôt ce sont des centaines de groupes-amateurs du monde entier qui sont accourus ! Et ils sont venus avec les copains, les copines, ou avec leur fan-club. Et tout ça fait marcher le commerce bien entendu, et je ne vous parle pas de l'ambiance dans les bars jusqu'au saxo du matin ! Alors les grands musiciens professionnels ont commencé à venir aussi, incognito. Vous pensez ! Une vraie fête du jazz où ça swingue à la folie..

Le désert de Mauritanie attire beaucoup de monde, depuis que le désert de nos cousins intégristes n'est plus très fréquentable ! Or les T.O. préfèrent utiliser les services de réceptifs saint-louisiens, jugés plus fiables (authentique !). Le circuit à la mode en ce moment, c'est un combiné Désert-Berges du Fleuve. Les visiteurs descendent d'avion à Nouakchott, « font le désert » jusqu'à Podor, et remontent le fleuve langoureusement jusqu'à la Langue de Barbarie... où la plage leur tend ses bras de sable et de mer !

Enfin, commerçants et hommes d'affaires sont très nombreux. Une loi astucieuse du Conseil Régional permet aux Saint-Louisiens exilés d'investir pendant cinq ans sans payer d'impôt. Quant aux nationaux d'autres régions, dès que vous investissez 1 million de cfa, la Région vous prête 1 autre million cfa. Du moment que vous faîtes le commerce avec des gens du coin.

Le riz de la région du Fleuve a trouvé un débouché spectaculaire avec les visiteurs, depuis que le Chef du célèbre restaurant *Terru-Bi* a lancé le *Ceebu Jen* Royal, préparé avec du vrai riz de Saint-Louis. Là-dessus, un maîtrisard *Salum-salum* sûrement a eu l'idée de placer une recette de cuisine dans la chambre de chaque visiteur. Et à la réception de chaque hôtel, ainsi qu'à l'aéroport, vous trouvez des sachets de riz du Fleuve à 1.000 cfa les 500 grammes.

Et ça ne suffisait pas, le directeur commercial de Sentenac a lancé le « Royal prêt-à-cuire » : c'est-à-dire que dans un emballage sous-vide, vous avez pour 4 ou 6 personnes : le riz du fleuve, le *coof* « *Leebu Ndar* » (très différent des vulgaires *coof* de banlieue du sud), les légumes « Niayes super », les épices, tout... y compris la recette. Ainsi le visiteur de retour peut épater ses amis en leur « cuisinant » un Royal.

Pour vous dire combien le riz du Fleuve a du succès, le gouvernement de Dakar a dû imposer une limite d'exportation, afin que les indigènes (euh, les autres Sénégalais) puissent acheter eux aussi leur riz du fleuve. Car pas une *diryanké* n'oserait servir aujourd'hui à son homme un *ceebu jen « de Chine »*. Enfin, si elle veut être prise pour une Reine ! Ou comme une Reine !

Il y a plus de 15 hôtels et campements sur la base nautique de la Langue de Barbarie. Ainsi que 4 résidences immobilières. Une distance de 2 km a été respectée entre chaque installation, afin de préserver la Nature et l'esprit du lieu. Regroupés en GIE, des jeunes très nombreux ont pu suivre une formation et ils sont responsables aujourd'hui de l'entretien de la plage, de la paix des lieux, du reboisement en espèces odorantes et fruitières, et de l'amélioration du Parc National.

Mais c'est surtout l'accueil chez l'habitant qui fait la célébrité de Ndar : plus de 300 familles ont aménagé une ou deux chambres, homologuées par le Syndicat d'Initiative. Il y a des catégories bien sûr : un bol, deux bols, trois bols... Certaines maîtresses de maison sont redoutables : *curaay* et téléphone dans la chambre, *cere-soow* et Sud journal au *ndeeki* , avec un grand bol de lait caillé « ***Naglé*** » ou du café-Touba, et au *timis* quand vous rentrez : massage des doigts de pied, *yaaboy* frais braisé...

En plus de la jet-set mauritanienne, beaucoup de dakarois vont *yendu* le week-end à l'ombre des signares. Au départ de Dakar, Saly ou Kaolack, vous avez des forfaits à partir de 9.500 cfa : départ en bus climatisé le samedi matin, arrêt dans un marché hebdomadaire pour vos courses ; accueil chez l'habitant en demi-pension, un pot à la discothèque La Chaumière, et retour le dimanche soir (*géwël* à bord du bus).

Imaginez, avec 20.000 cfa, vous invitez votre convoitée à... être LA plus belle, tout un week-end. Et elle va faire la difficile le soir ? ! Il y a aussi des forfaits à 100.000 cfa le couple, réservés à une élite triée sur le volet, avec folgar dans une résidence coloniale, en tenue d'époque, voyage en avion musical, survol du Djoudj en dirigeable..

En fait le calcul des Ndariens est très fin : ils vous accueillent royalement au prix minimum. Chaque Saint-Louisien va tout faire, comme un jeu, pour vous faire craquer. L'essentiel, c'est que vous soyez tellement accro à sa *téranga* que vous n'aurez qu'une idée en tête : revenir vite et plus souvent... Alors vous commencerez à investir dans le coin...

Saint-Louis s'est spécialisé dans le Luxe et l'image de marque, la Volupté et le Raffinement. Dans le langage des jeunes en ce moment, « aller à Saint-Louis » veut dire « passer une nuit de rêve ».

Au départ de la Place Faidherbe, vous avez deux rues piétonnes qui n'ont rien à envier aux Champs-Elysées. Vous n'êtes pas une femme d'affaires reconnue si vous ne tenez pas une boutique de luxe dans ce quartier. Ce ne sont que grands restos, boutiques de haute-couture, bijouteries, galeries d'art, salon de beauté et de thé...

Alors à propos j'ai faim ! Nous allons prendre l'hélicoptère, pour aller dîner d'une escalope de Gazelle au bord d'un autre fleuve, en pays bassari. Je connais un bon coin !

Ensuite nous irons faire la fête à Saly, puis explorer le Cercle d'Or de Bakel, et puis... Allez, attachez votre ceinture, Commandant Gérard, tu peux décoller !

2 Airbus atterrissent chaque semaine à Tamba. De décembre à mai, ce sont ainsi 500 visiteurs /semaine : un bon tiers est constitué de chasseurs ; un autre tiers vient à la rencontre de l'Afrique préservée : du Niokolo à l'initiation Bedik, en passant par les rives du fleuve Gambie, les chercheurs d'or. Un tiers est composé de commerçants et hommes d'affaires; le dernier tiers est composé de ressortissants de la région de Tamba, à qui l'avion évite d'aller jusqu'à Dakar pour voyager. **Oui ça fait 4 tiers, vous avez bien compté mais... comment... vous voudriez vraiment que toute cette histoire soit vraie !**

Avec les festivités Bedik en Avril, la rotation passe à 3 avions / semaine. Afin de se préserver, les villages à tour de rôle organisent des initiations de visiteurs, au cours desquelles ce sont les visiteurs eux-mêmes qui vivent une partie du rituel d'initiation. C'est la grande mode chez les dakarois.

Le 1er vol a atterri en décembre 1997 lorsque 10 campements de chasse décidèrent de se regrouper, pour co-affréter un avion, directement de Paris.

Le parc du Niokolo Koba a été repeuplé d'animaux de toute l'Afrique. Un découpage intelligent a fait que les chasseurs ont financé la remise en nature du parc. Même les braconniers y trouvent leur compte puisque finalement, vu le nombre croissant d'éléphants et de tigres (pas si durs à élever), le commerce de peaux, d'ivoire, de trophées a repris. Et le *thiou* d'éléphant sauce *bissap*, croyez-moi, c'est un régal !

Casamance. 7 vols par semaine relient Kabrousse, capitale de Casamance, au reste du monde. 2 à la France , 2 à l'Italie, 1 aux USA, 1 à l'Asie, et 1 à l'Afrique du Sud : 7/semaine. Ces avions sont à moitié pleins de Casaçais, qui en profitent pour faire le commerce.

Toujours plus belle et verdoyante, la Casamance a suscité de nombreux mécénats de la part de multinationales pétrolières, soucieuses d'image de marque. Les Casamançais, travailleurs, ont su accueillir cette assistance, et en 5 ans, la région a repris la densité de son couvert végétal.

Grâce au pétrole, exploité par des américains, un premier vol New-York / Kabrousse fut mis en place dès 1998. D'une part il répondait au besoin de transport des techniciens américains. D'autre part, le Conseil avait négocié avec les pétroliers la mise à disposition d'un bureau de promotion à Washington : une attachée de presse, et 2 commerciaux. Grâce à cela, un premier T.O. s'était engagé, puis un deuxième...

La plupart des avions qui relient Kabrousse sont « bi-cargo », c'est-à-dire qu'une simple modification permet de diminuer le nombre de places au profit du fret. Alors vous pensez que les exportations de fruits, de jus, de crevettes, de vin de palme et même de maraîchage ont centuplé.

Bakel. Au début, une association d'immigrés a financé à ses frais l'aménagement de l'aéroport, pour pouvoir affréter leur propre avion lors des vacances scolaires. France/Bakel direct, avec 50 kilos de bagages: 3.000 FF, vous pensez ! Un vol/semaine, 3 mois par ans.

Et puis s'est posé le problème d'exporter les légumes de l'aprés-barrage. Comment faire ? Comme aucun transporteur aérien n'était prêt à s'engager, de riches commerçants ont pris le risque, ils ont affrété à leurs frais un avion par semaine, atterrissant à Bakel le lundi soir, veille de Koyé, fabuleux marché hebdomadaire du cercle d'or Mali-Mauritanie-Sénégal.

Là-dessus une agence de voyage, basée à Bakel, a eu l'idée de se spécialiser dans le tourisme fluvial. Rapidement, 5 T.O. européens spécialisés « fleuve » ont été intéressés d'envoyer des clients. Je vous entends d'ici : comment ces diaboliques *Futanké* s'y sont pris pour financer une piste d'aéroport par leurs propres moyens ? Eh bien c'est (à peu prés) simple : vous savez qu'il y a des *futanké* de Sénégal mais aussi de Mali et encore de Mauritanie.

Ce qui fait beaucoup de *futanké* et beaucoup de mesdames *futanké* et encore plus de petits *futanké. Alors* 5.000 francenabé ont créé une tontine, et chacun s'est engagé à verser 200 FF/mois dans la caisse « aéroport de Bakel », pendant 10 ans. Ce qui fait déjà 12 milliards cfa. Ensuite ils ont accepté de payer une taxe d'aéroport en plus du billet d'avion, pendant 10 ans, toujours pour financer l'aéroport. L'Asecna a accepté de cautionner un prêt à la banque mondiale, et en échange la Région de Bakel lui a confié la gestion de l'aéroport pendant 10 ans. L'aérogare a été conçue de telle façon qu'un très grand marché s'est installé, et chaque cantine verse une *juti* dans la caisse-aéroport.

Chaque avion qui atterrit verse bien sûr des taxes.

Enfin ces rusés francenabé sont allés négocier directement avec Monsieur Jospin : *« Nous renonçons à percevoir des allocations pour nos deuxièmes épouses, en échange vous nous confiez un libre quota de visas multi-entrées »*

Résultat : pendant qu'une des épouses réside en France, l'autre fait le commerce entre son village et la France. Il y a donc moitié moins de francenabé en France, puisqu'une moitié est toujours en train de faire le commerce à l'extérieur. Les français sont gagnants.

C'est l'association qui gère le quota de visas, en partenariat avec le consulat. Pour qu'une personne puisse entrer, il faut qu'une autre sorte.

Enfin, une association de femmes originaires de Semmé est retournée voir Jospin, et lui tint à peu près ce langage : « Nous achetons des produits français, que nous exportons en grande quantité dans nos pays ; ces produits seront distribués par nos soeurs restées au pays qui de ce fait, n'ont plus le temps de venir visiter la Tour Eiffel ; et nous utiliserons uniquement des avions Airbus ».

Jospin était très content d'entendre ce discours positif. Dans l'euphorie, encouragé par le chant succulent de la dame *Géwël Adjaratu Njaay*, il fit l'erreur de demander à ces dames : « Eh bien, que puis-je faire pour vous de mon côté ? »

Au sortir de la réunion, et aprés moult palabres, la France avait accepté de reverser le montant des allocations familiales pendant 5 ans, au profit de l'aéroport (technologie Arianespace).
3000 FF d'allocation/mois x 60 mois x 2000 femmes = 36 milliards cfa !

Vous constaterez que le gouvernement du Sénégal n'a pas mis un cfa dans l'aéroport ni la Région d'ailleurs ! Rusés Francenabé !
Allez leur demander des impôts après ça !

Saly. Saly-village s'étend désormais de Pointe Sarène à Somone, c'est la ville la plus moderne du pays. 4 Airbus silencieux atterrissent chaque jour. Grâce à un équipement technologique de pointe (satellite, internet...) beaucoup d'hommes d'affaires européens y dressent leurs quartiers d'été, et gèrent leurs affaires à distance, via satellite et ordinateurs, depuis leurs maisons de brousse.

Saly est devenu une station balnéaire branchée, c'est le cas de le dire. Toute la Jet-set se retrouve en week-end, depuis que Air Toulouse a eu l'idée des forfaits week-end: décollage France le vendredi à 19H, orchestre à bord; au retour, décollage Saly à 00H le dimanche soir, salle de bains à disposition à l'aéroport de Toulouse. 9h du matin vous êtes au boulot, rasé, bronzé, cravaté, le coeur ensoleillé...

Chaque visiteur se voit affecté une famille d'accueil. Cette famille est garante de la qualité de son séjour, lui règle tous ses problèmes, et l'initie à la sénégalité.
A côté des routes, des pistes ont été aménagées pour les calèches et les vélos, répondant ainsi à la mode écolo.

Les visiteurs font des stages de médecine naturelle à Fatick ; ils apprennent le tam-tam ou la danse africaine ; ils donnent une journée de leur temps à une ONG de développement, cette dernière activité étant très à la mode !

De fin août à mi-novembre, la nature reprend ses droits, l'aéroport n'est ouvert que le samedi et dimanche, et pratiquement personne ne travaille, d'un commun accord négocié avec les syndicats. 3 mois de vacances, c'est un minimum pour se reposer et vivre autrement.

...9 mois de travail, ça suffit !

Dakar. On aurait pu croire que l'aéroport de Yoff perdrait en activité, mais en fait, le flux de touristes a été remplacé par un fleuve d'hommes d'affaires (les jours impairs c'est un fleuve de femmes d'affaires). Dakar a su se positionner comme une vitrine de l'Afrique, une ville de rencontres et d'affaires. Or les vols emplis de touristes freinaient cet essor justement.

Aujourd'hui les congrès succèdent aux colloques. L'Université de Dakar génère à elle seule plus de 20 rencontres internationales dans l'année. Conscients de ce nombre important de décideurs de passage, la Foire Internationale a eu l'idée de proposer des stands de façon permanente. Ce sont d'abord les Africains qui ont été intéressés. Ainsi un mexicain de passage à Dakar, peut voir la production de telle usine camerounaise, et prendre contact. Ensuite les canadiens ont suivi ...

Les horaires et fréquences sont étudiés spécialement pour la clientèle d'affaires. Désormais, chaque semaine, Air Afrique offre 2 vols vers le Liban et les marchés de Turquie, 2 vols directs vers Djeddah, et Dubaï où se négocient d'excellentes affaires ; 2 vols vers Hong-Kong, la Corée et Singapour ; 1 vol vers le Viet Nam ; 1 vol vers le Brésil. Quant à l'Europe, chaque capitale du Club de Bruxelles est reliée au moins une fois par jour avec la capitale de l'Afrique.

Air Afrique-Paris a inventé une formule qui a un grand succés auprès des hommes d'affaires : « Dakar/Europe/Dakar 2 jours chrono - 500.000 cfa - Visa inclus.» Vous décollez de Dakar à minuit; à 08H vous êtes dans n'importe quelle ville européenne; un taxi est à votre disposition toute la journée ; nuit d'hôtel 4 étoiles ; encore une journée de travail et le soir à 02H du matin, l'avion redécolle du satellite Afrique de Roissy.

Mais bon, je ne vais pas vous révéler tous les secrets...

FELA

Seigneur,
Eclaire-moi.
Que ma voix soit solide et mes mots bien choisis,
Seigneur,
Que ton message soit bien compris, bien perçu,
et le coeur plus fort que la raison.
Amen !

Vous croyez que c'est facile d'écrire un livre, eh bien non !
Surtout quand votre but n'est pas un roman policier, mais de parler à un peuple, de l'avenir d'un pays, et ce pays est le vôtre.

Vous avez payé deux billets de 1.000 cfa, pour tenir ce livre,
je voudrais que vous sachiez son prix en sueur, son prix en erreurs,
le temps que mes copains se paient le 4 X4 et la villa aux Almadies.

Savez-vous.
J'ai toujours su que ce pays est riche,
j'ai toujours deviné les solutions à notre portée,
mais les solutions voyez-vous,
c'est d'abord de parler au coeur des hommes, c'est de trouver le bon langage.

Alors quand je commence ce livre, et je pense aux milliers de gens
que j'ai croisé sur le chemin, certains hautains, certains copains,
alors c'est à chacun de vous que j'adresse ce livre,
alors la prière !
Et je puise l'inspiration dans Fela, oui j'avoue.
Ce métis qui aurait pu porter la cravate et faire des affaires,
il a préféré porter le saxo, pulser le rythme, la foi,
à des millions d'africains, de croyants de demain.

A suivre...

SOMMAIRE

Achevé d'imprimer
sur les presses de XAMAL s.a.
le 19 septembre 1997.